BENY

BE

ALS TOURIST KOMMEN, ALS NEW YORKER GEHEN

VON PATRICK VAN ROSENDAAL

NY

BRUCKMANN

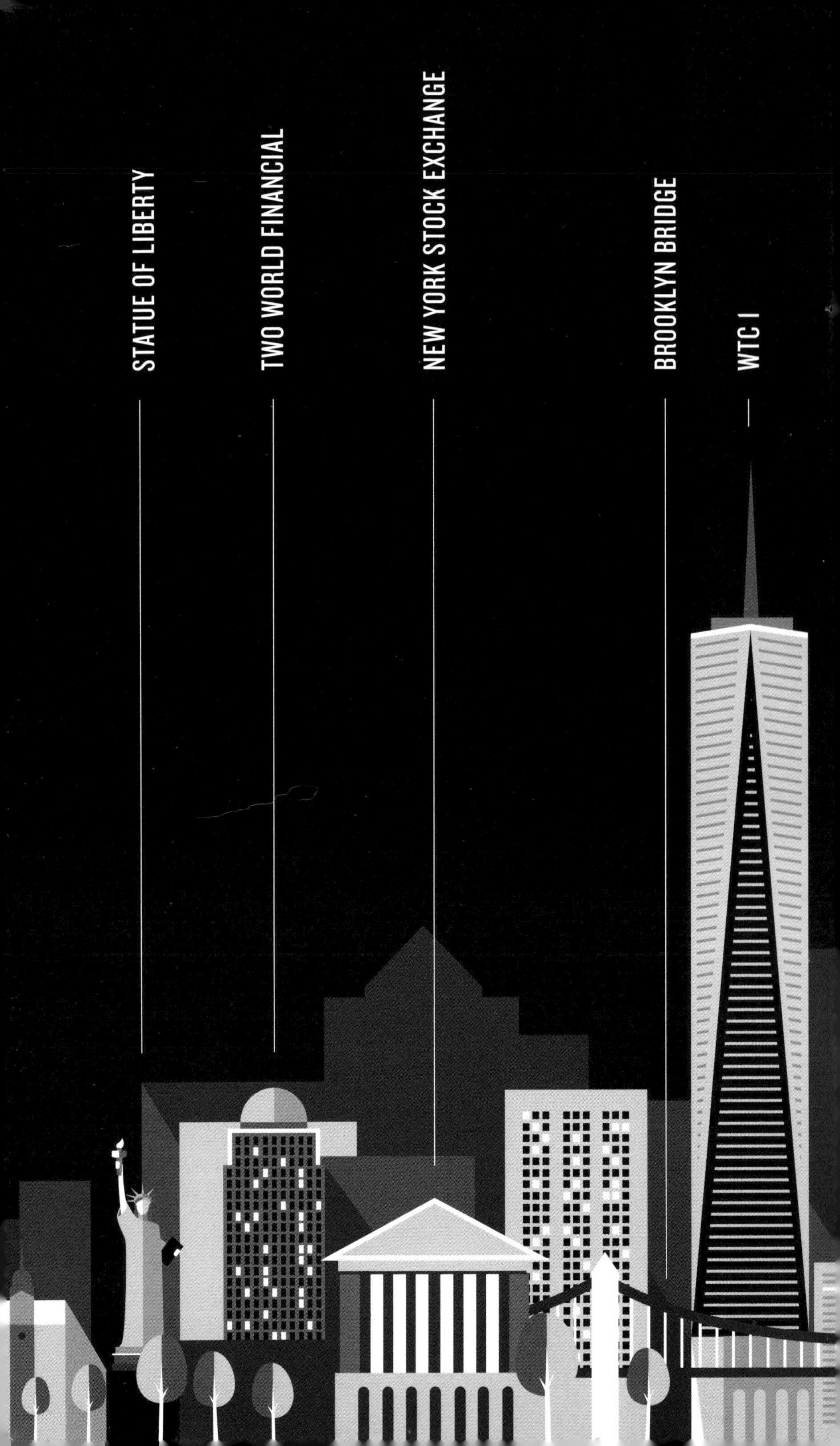
STATUE OF LIBERTY
TWO WORLD FINANCIAL
NEW YORK STOCK EXCHANGE
BROOKLYN BRIDGE
WTC I

WOOLWORTH BUILDING
EMPIRE STATE BUILDING
CHRYSLER BUILDING
WAHRZEICHEN NEW YORKS

Wer ist Patrick van Rosendaal?

TIPPS VON PATRICK

Über das gesamte Buch verteilt gibt Patrick Ihnen eine Fülle guter Tipps, um Ihren Besuch in New York noch einfacher und angenehmer zu gestalten.

ADRESSEN

Patricks beruflicher Werdegang beginnt Ende der 90er-Jahre im Verkauf und Marketing in Paris. Mit dem renommierten Diplom der Vlerick Business School in der Tasche reist er durch die Welt, bevor er sich in New York niederlässt. Für ihn, der in Paris und London gelebt hat, birgt der Alltag in einer Weltstadt nichts Neues. Dennoch nimmt sein Leben eine neue, unerwartete Wendung. Nachdem er seinem Herzen in die Vereinigten Staaten gefolgt ist, verliert er es in New York, wo er seinen Verlobungsring gegen die wahre Liebe tauscht und sich an die Knie von »Lady Liberty« schmiegt. Eine Frau mit großartigem Potenzial und grenzenloser Verführungskraft, die sich so einfach jedoch nicht erobern lässt.

Wie in jeder guten Beziehung gibt es auch hier Höhen und Tiefen. Da sind finanzielle Probleme und beruflicher Erfolg. Dekadente Extravaganzen und heiter-gelassene Selbstbeobachtung. Leben und Überleben. Ständiger Kampf und gelegentliche Kapitulation. Immer jedoch ist Leidenschaft im Spiel, und das Leben läuft auf Hochtouren.

Auch und vor allem ist es ein menschliches Abenteuer. Mit der Zeit begegnet Patrick zahllosen New Yorkern, die sein Leben beeinflussen. Originelle Persönlichkeiten, jede mit ganz eigenem Charakter und individueller Lebensauffassung, die jedoch eines gemeinsam haben: die Liebe zu einer fantastischen Stadt. Alle weihen ihn in ihre Erfahrungen, Gewohnheiten und Vorlieben ein. Und zeigen ihm das echte Leben in New York.

Bald schon springt der Funke über, und Patricks Interesse für New York verwandelt sich in eine wahre Leidenschaft. Eine Leidenschaft, die er so gern mit seinen Landsleuten teilen möchte, dass er professioneller Stadtführer wird. Er besteht die offizielle Prüfung und beginnt an Bord der berühmten Gray-Line-Busse von New York sowie bei »Bike and Roll«, dem unbestrittenen Spezialisten für geführte Fahrradtouren. Seine Laufbahn als Stadtführer nimmt volle Kraft auf.

Als zugelassenes Mitglied der GANYC, dem renommierten Berufsverband der Stadtführer von New York, hat er bei den Tausenden von Kilometern, die er auf Entdeckungsreise in der Stadt zurückgelegt hat, drei Vespas und unzählige Schuhsohlen aufgearbeitet. Seine Stadtführer-Agentur BE NY verzeichnet im Übrigen einen ständig wachsenden Erfolg. Zusammen mit seinem Team hat Patrick bereits mehr als zehntausend Besuchern ein unvergessliches Erlebnis beschert. Dabei wird er dieser Tätigkeit, die er selbst als den besten Job der Welt bezeichnet, kein bisschen überdrüssig.

INHALTSVERZEICHNIS

Wie finde ich mich in New York zurecht?

GEOGRAFIE

Wer New York sagt, denkt an die Wolkenkratzer Manhattans. Dabei dehnt sich die Stadt natürlich sehr viel weiter aus. New York ist in fünf große Bezirke oder *Boroughs* unterteilt: Manhattan und The Bronx im Norden, Queens im Osten, Brooklyn im Südosten und schließlich Staten Island im Süden.

Jeder dieser *Boroughs* hat wiederum seine Quartiere, und die von Manhattan sind mit Abstand am bekanntesten. Ihre Namen sind in der Regel ethnisch oder geografisch beeinflusst. In der ersten Gruppe haben wir da insbesondere Chinatown, Koreatown und Little Italy. In der zweiten Gruppe die Upper East Side, die Upper West Side, das West Village, die Lower East Side, SoHo (South of Houston), NoHo (North of Houston), TriBeCa (Triangle Below Canal Street), NoLIta (North of Little Italy), FiDi (Financial District), DUMBO (Down under Manhattan und Brooklyn Bridge Overpass) etc.

New York hat offiziell 8,4 Millionen Einwohner. Rechnet man die Geschäftsleute, Touristen und Illegalen hinzu, erhält man eine Bevölkerungszahl, die der Einwohnerzahl Baden-Württembergs gleichkommt.

ORIENTIERUNG

Abgesehen von Lower Manhattan, sind die Straßen und Avenuen in Manhattan nach dem berühmten rasterförmigen Netz (*the grid*) angelegt. Die Fortbewegung ist daher relativ einfach. Wenn Sie die folgenden Regeln berücksichtigen, können Sie sich nicht verlaufen.

FUN FACT
Woher stammen die Namen der *Boroughs*?

Manhattan erhielt seinen Namen von den Algonquin-Lenape-Indianern, die ursprünglich auf der Insel lebten. Sie nannten es »Manahattan«, was soviel wie »hügelige Insel« bedeutet.

Queens war eines der zwölf Countys von New York unter britischer Besatzung. Es verdankt seinen Namen Königin Katherina von Braganza, der Ehefrau des englischen Königs Karls II.

Brooklyn leitet sich vom niederländischen Breukelen ab, einem Dorf in der Nähe von Utrecht. Der Name erinnert an die Zeit, als die Niederländer Herren der Stadt waren, die damals übrigens New Amsterdam hieß.

Dies gilt auch für Staten Island. Staaten Eylandt war ein niederländisches Handelskontor, sein Name bezieht sich auf die Generalstaaten, das Parlament der Niederlande.

Der Name Bronx erinnert an den Schweden Jonas Bronck, den ersten europäischen Pionier, der sich in der Region niederließ und sich einige Ländereien aneignete.

- Die Avenuen verlaufen von Norden nach Süden, die Straßen von Osten nach Westen.
- Geht jemand Richtung Norden, geht er Uptown, Richtung Süden spricht man von Downtown.
- Die 5th Avenue bildet die Grenze zwischen dem Osten und dem Westen Manhattans. Je nachdem, ob vor einer Adresse der Buchstabe E oder W steht (z. B. E 50th Street), weiß man, auf welcher Seite der Fifth Avenue sie sich befindet.
- Die meisten Straßen sind Einbahnstraßen. Straßen mit geraden Nummern verlaufen nach Osten, die anderen nach Westen.
- Der Abstand zwischen zwei Straßen beträgt etwa 80 Meter. Der Abstand zwischen zwei Avenuen ist etwa drei- bis viermal länger.
- Ein New Yorker rechnet in Blöcken. Bei der Angabe einer Adresse nennt man den Block. Beispiel: 56th Street between 5th and 6th.

FORTBEWEGUNG

In New York geht man viel: 15 Kilometer pro Tag sind nichts Besonderes. Für weitere Entfernungen unterstützt Sie die Metro. Wenn Sie bequem von A nach B gelangen möchten, nehmen Sie ein Taxi. Und wenn Sie ein klein wenig verrückt sind, können Sie sogar ein Auto mieten, um eine Besichtigungsfahrt durch Manhattan zu machen.

Auf der Umschlaginnenseite finden Sie eine Panoramakarte von New York mit den verschiedenen Stadtteilen.

TIPP VON PATRICK

Vorsicht bei den Avenuen in der Nähe von Midtown und Upper Manhattan. Sie sind, im Osten beginnend, von 1–12 nummeriert, für einen Großteil von Manhattan gilt jedoch, dass auf die 1st, 2nd und 3rd zuerst die Lexington-, Madison- und Park-Avenue folgen. Die 5th, 6th, 7th etc. tauchen erst danach auf.

SPAZIERGANG

1

ALS REISENDER KOMMEN; ALS NEW YORKER GEHEN

MIDTOWN MANHATTAN

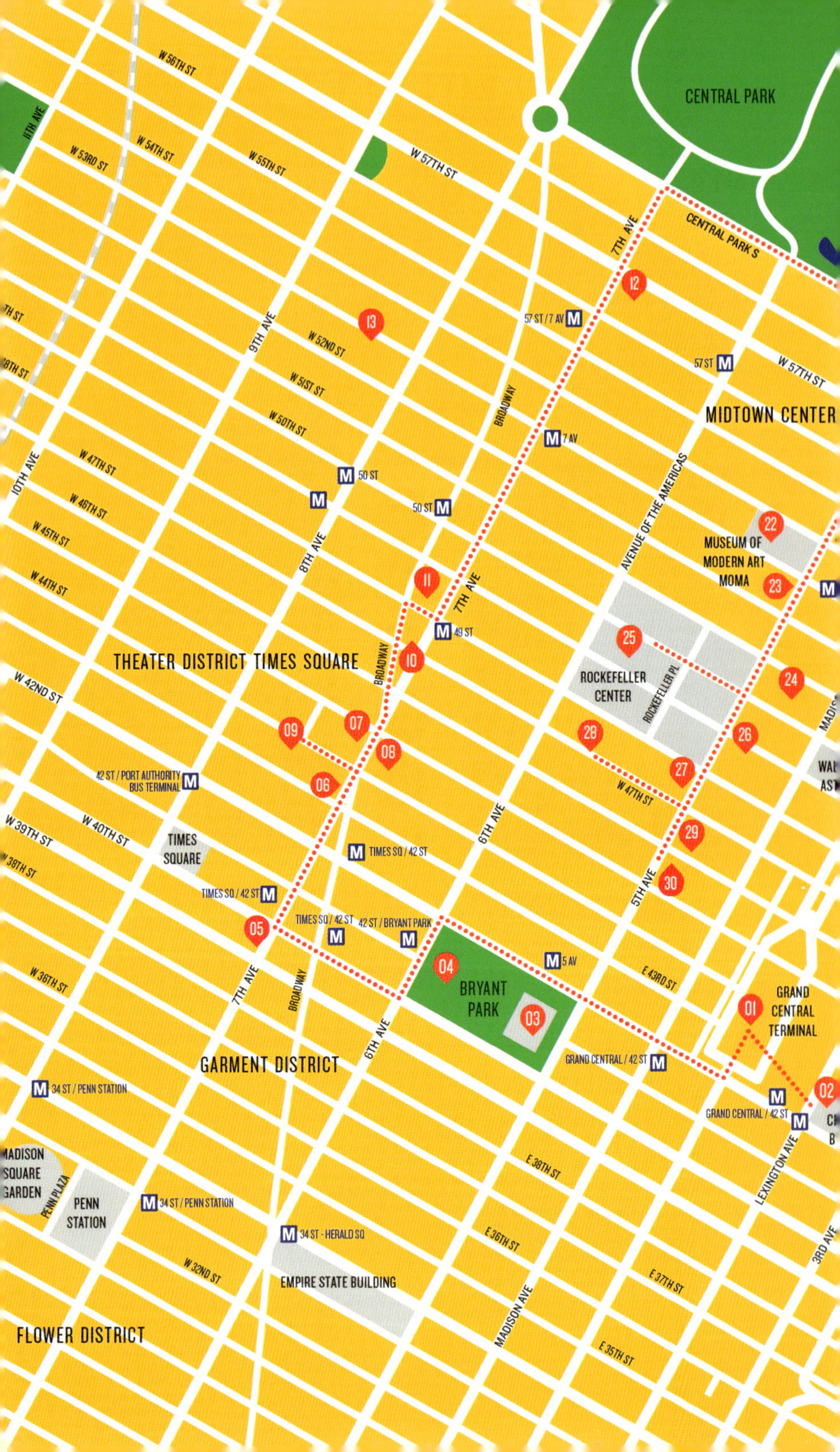
CENTRAL PARK
MIDTOWN CENTER
THEATER DISTRICT TIMES SQUARE
GARMENT DISTRICT
FLOWER DISTRICT
MUSEUM OF MODERN ART MOMA
ROCKEFELLER CENTER
BRYANT PARK
GRAND CENTRAL TERMINAL
TIMES SQUARE
MADISON SQUARE GARDEN
PENN STATION
EMPIRE STATE BUILDING
W 57TH ST
W 56TH ST
W 55TH ST
W 54TH ST
W 53RD ST
W 52ND ST
W 51ST ST
W 50TH ST
W 47TH ST
W 46TH ST
W 45TH ST
W 44TH ST
W 42ND ST
W 40TH ST
W 39TH ST
W 38TH ST
W 36TH ST
W 32ND ST
E 43RD ST
E 38TH ST
E 37TH ST
E 36TH ST
E 35TH ST
CENTRAL PARK S
11TH AVE
10TH AVE
9TH AVE
8TH AVE
7TH AVE
6TH AVE
5TH AVE
AVENUE OF THE AMERICAS
MADISON AVE
LEXINGTON AVE
3RD AVE
BROADWAY
ROCKEFELLER PL
PENN PLAZA
57 ST / 7 AV
57 ST
7 AV
50 ST
49 ST
42 ST / PORT AUTHORITY BUS TERMINAL
TIMES SQ / 42 ST
42 ST / BRYANT PARK
5 AV
GRAND CENTRAL / 42 ST
34 ST / PENN STATION
34 ST - HERALD SQ
01
02
03
04
05
06
07
08
09
10
11
12
13
22
23
24
25
26
27
28
29
30

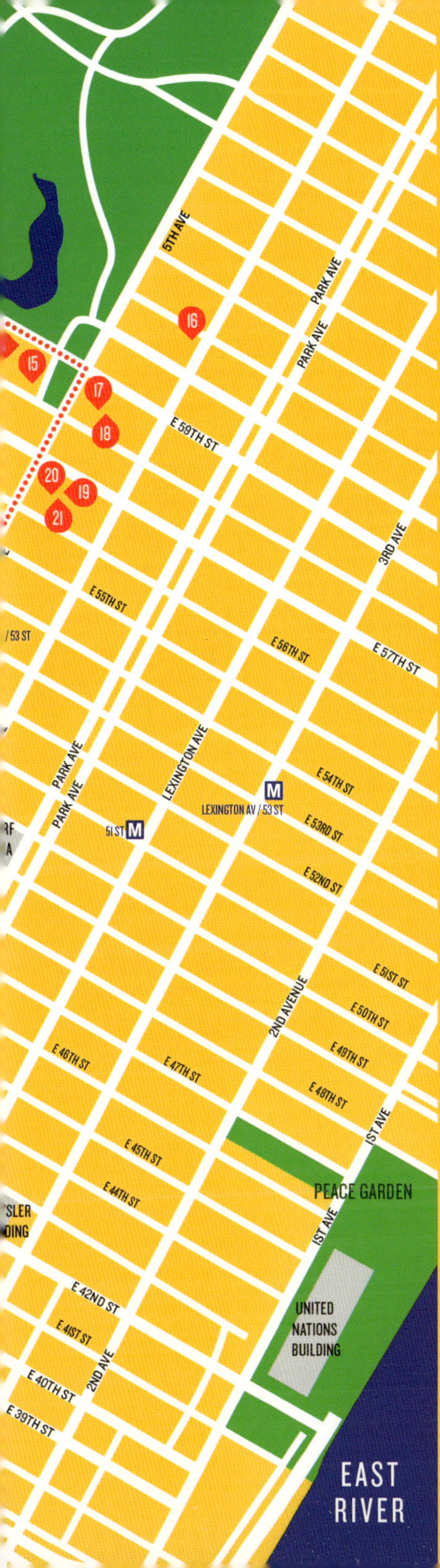

ALS REISENDER KOMMEN; ALS NEW YORKER GEHEN

MIDTOWN MANHATTAN

3–4 STUNDEN

1. GRAND CENTRAL TERMINAL
2. CHRYSLER BUILDING
3. NEW YORK PUBLIC LIBRARY
4. BRYANT PARK
5. FASHION WALK OF FAME – DIANE VON FURSTENBERG
6. HARD ROCK CAFE
7. THE LION KING
8. TOYS 'R' US
9. SARDI'S RESTAURANT & GRILL
10. TKTS TIMES SQUARE
11. M&M'S WORLD
12. CARNEGIE HALL
13. BROADWAY COMEDY CLUB
14. THE OAK ROOM
15. THE PLAZA
16. BARNEY'S NEW YORK
17. APPLE FLAGSHIP STORE
18. FAO SCHWARZ
19. NIKETOWN
20. TIFFANY & CO.
21. TRUMP TOWER
22. MOMA
23. UNIQLO
24. ST. PATRICK'S CATHEDRAL
25. TOP OF THE ROCK
26. AMERICAN GIRL
27. NBA STORE
28. INTERNATIONAL GEM TOWER
29. BUILD-A-BEAR
30. BARNES & NOBLE

Sie sind soeben in der coolsten Stadt der Welt gelandet? Dann ist dieser Spaziergang wie gemacht für Sie. Am prachtvollen Bahnhof Grand Central Station startend, führt er über die 42nd Street zu den wichtigsten Hotspots im Zentrum von Manhattan. Werfen Sie einen Blick auf das imposante Empire State Building, das elegante Chrysler Building und die wunderschöne Bibliothek. Anschließend erreichen Sie, vorbei am reizvollen Bryant Park, den Times Square, die berühmte »Crossroads of the World«, wo Ihnen die riesigen Reklametafeln den Kopf verdrehen, bevor Ihnen im größten Spielzeuggeschäft der Stadt die Augen übergehen. Gönnen Sie sich ein Foto mit dem »Naked Cowboy«, entdecken Sie den Ort, wo Frank Sinatra die Beine versagten, und überqueren Sie die belebteste Kreuzung New Yorks, in deren Untergrund jährlich über 60 Millionen Reisende ankommen und abfahren. Weiter geht es Richtung Central Park, bevor der Spaziergang, vorbei an der unumgänglichen Carnegie Hall und »The Plaza Hotel«, auf der Fifth Avenue endet, der Shopping-Hochburg New Yorks. Hier werden auch Sie nicht vom Kaufrausch verschont bleiben. Auf die Plätze! Kreditkarte griffbereit? Dann hinein ins Kaufvergnügen!

1 GRAND CENTRAL TERMINAL

Park Ave. & 42nd St.
www.grandcentralterminal.com

Majestätisch! Besser lässt sich dieses historische Denkmal nicht beschreiben, durch das Tag für Tag 750 000 Menschen strömen. Testen Sie das Flüstergewölbe Whispering Corner vor dem Eingang zur »Oyster Bar«.

2 CHRYSLER BUILDING

405 Lexington Ave.

Dieses Beispiel des Art-déco-Stils war einst der höchste Wolkenkratzer New Yorks und der Welt. So lange, bis das Empire State Building ihm 1931 diesen Titel entriss. Noch immer ist es das höchste komplett aus Backstein (auf einem Stahltragwerk) errichtete Gebäude unseres Planeten.

3 NEW YORK PUBLIC LIBRARY

5th Ave. und 42nd St.
www.nypl.org
Mo 10–18 Uhr, Di–Mi 10–20 Uhr, Do–Sa 10–18 Uhr, So 13–17 Uhr.

15 000 Kubikmeter Marmor aus aller Welt – vor allem aus Belgien und Frankreich – waren für die Fertigstellung der Bibliothek nötig. Die Entdeckung des beeindruckend schönen Hauptlesesaals, Rose Main Reading Room, lohnt den Aufstieg. Und wäre es auch nur, um die Szene nachzuspielen, in der Carrie Bradshaw, die Protagonistin von *»Sex and the City«*, erfährt, dass aus ihrer Hochzeit doch nichts wird.

4 BRYANT PARK

Zwischen 40th und 42nd St. und 5th und 6th Ave.
www.bryantpark.org
Okt.–April 7–22 Uhr, Mai 7–23 Uhr, Juni–Sept. Di–Fr 7–24 Uhr, Sa/So 7–23 Uhr.

Mit seinen kostenlosen Anschlüssen und Ladestationen ist dieser wunderbar gepflegte Park ideal für alle Internet-Freaks. Aber auch an die Anhänger der alten Schule wurde gedacht: Boule-Platz, Pingpong-Tische, im Sommer Open-Air-Kino, im Winter Schlittschuhbahn etc.

5 FASHION WALK OF FAME – DIANE VON FURSTENBERG

7th Ave. zwischen 39th und 40th St.

Wohlverdient! Die in Belgien geborene Amerikanerin wurde hier als eine der geschätztesten Modeschöpferinnen aller Zeiten verewigt.

6 HARD ROCK CAFE

1501 Broadway, Times Square

www.hardrock.com/cafes/new-york
Restaurant: Mo–So 11–0.30 Uhr; Frühstück: Fr–So 8–10 Uhr.
Verkauf: Mo–Do 9–0.30 Uhr, Fr–So 8–1.30 Uhr.
Der ideale Ort für einen überteuerten mittelmäßigen Hamburger. Dafür jedoch historisch bedeutsam als einstiges Paramount Theater, in dem u. a. Frank Sinatra erstmals die Bühne betrat.

7 THE LION KING
200 West, 45th St., Times Square
www.lionking.com
Variable Öffnungszeiten, Vorstellungen meist 14 und 20 Uhr.
Seit 15 Jahren ein Broadway-Klassiker. Annähernd 7000 Vorstellungen. Täglich knapp 1500 Zuschauer.

8 TOYS 'R' US
1514 Broadway, Times Square
www.toysrus.com
So–Fr 10–23 Uhr, Sa 9–23 Uhr.
Was tun, wenn man noch etwas Platz in seinem Spielwarengeschäft hat? Ein Riesenrad aufstellen, ist doch klar! Nichts ist einfacher, als sich auf diesen Tausenden von Quadratmetern Spielsachen zu verlaufen. Kinder am besten anleinen!

9 SARDI'S RESTAURANT & GRILL
234 West, 44th St.
www.sardis.com
Mo–So 12–23.30 Uhr.
»Sardi's« ist eine Ikone in der Welt des Showbiz. Hier verschwinden die Wände unter rund 1300 Karikaturen berühmter Leute. Diese Tradition führte Alex Gard in den 20er-Jahren im Austausch gegen eine Mahlzeit pro Tag ein.

10 TKTS TIMES SQUARE
Father Duffy Square, Times Square
www.tdf.org
Für Abendvorstellungen: Mo, Mi–Sa 15–20 Uhr, Di 14–20 Uhr, So 15–19 Uhr.
Für Nachmittagsvorstellungen: Mi, Do, Sa 10–14 Uhr, So 11–15 Uhr.
Falls Sie sich nicht an einen Ticketschalter für eine Broadway-Veranstaltung begeben können, ist TKTS Ihr bester Freund. Da die Karten dort jedoch mit 50 Prozent Nachlass verkauft werden, ist die Schlange lang! Der richtige Moment also, um sich auf seine Durchschlängelfähigkeiten zu besinnen.

11 M&M'S WORLD
1600 Broadway zwischen 48th und 49th St.
www.mmsworld.com
Mo–So 9–24 Uhr.
Bei M&M's World stoßen Sie auf eine richtige Wand aus »Mars&Murrie's«. Das größte Bonbongeschäft New Yorks setzt auf alle Regenbogenfarben, um auch Sie zu verführen.

12 CARNEGIE HALL
881 7th Ave.
www.carnegiehall.org
Variable Öffnungszeiten je nach Veranstaltung.
Seit seiner Eröffnung 1891 durch Tschaikowsky profitiert dieser weltberühmte Konzertsaal von seiner außergewöhnlich guten Akustik. Damit der Genuss nicht getrübt wird, werden kostenlose Hustenbonbons an die Zuhörer verteilt. Wie man in die Carnegie Hall kommt? Durch fleißiges Üben. Oder mit einer Eintrittskarte …

13 BROADWAY COMEDY CLUB
318 W 53rd St.
www.broadwaycomedyclub.com
Mo–So ab 15 Uhr.
Hier wird Comedy absolut ernst genommen.

14 THE OAK ROOM
Plaza Hotel, 59th St und 5th Ave.
www.fairmont.com/the-plaza-new-york/dining/oakbar
Der »Oak Room« im »Plaza« mit seinem klassischen Interieur war ursprünglich den Männern vorbehalten. Aber die Zeiten haben sich geändert. Kürzlich verlangten die Eigentümer des »Plaza« von den Betreibern wegen einer Veranstaltung Schadenersatz, bei der Burlesque Danse, der sinnlich-erotische Bühnentanz der

20er- bis 50er-Jahre, aufgeführt wurde, was dem Gepräge des Restaurants nicht entsprach. Distinktion geht hier über alles. Um genau zu sein, ist sie 33 Millionen Dollar wert!

15 THE PLAZA

Plaza Hotel, 59th St. und 5th Ave.
www.theplazany.com

Es gab einmal eine Zeit, da war dieses sagenhafte Luxushotel ein obligatorischer Zwischenstopp für durchreisende Persönlichkeiten. Nachdem es 1907 für 12 Millionen Dollar erbaut worden war, kaufte Donald Trump es für das Dreißigfache, fackelte jedoch nicht lange, es wieder loszuwerden, genauso wie seine Ehefrau Ivana, Geschäftsführerin des Hauses. Heute ist das Hotel 800 Millionen Dollar wert. Über die Jahre hat es zahlreichen Filmen als Kulisse gedient, darunter *»Ein Krokodil zum Küssen«*, *»Schlaflos in Seattle«* und zuletzt *»Der große Gatsby«*.

17 BARNEY'S NEW YORK

650 Madison Ave.
www.barneys.com
Mo–Fr 10–20 Uhr, Sa 10–19 Uhr, So 11–18 Uhr.

Die Adresse, um schick und teuer einzukaufen. Hochwertige exklusive Kollektionen auf neun Etagen, darunter die vieler europäischer Designer wie Missoni, Dries Van Noten, Valentino – bei den Schuhen sind auch deutsche Labels wie Adidas und Birkenstock vertreten. Genau wie die Filialen in Lower Manhattan und Upper West Side ist dieses Kaufhaus das perfekte Versuchskaninchen für die Grenzen Ihrer Kreditkarte.

17 APPLE FLAGSHIP STORE

767 5th Ave. und 59th St.
www.apple.com/retail/fifthavenue
Tgl. rund um die Uhr.

Wenn der Dollarkurs für Sie günstig steht, treten Sie durch den Glaswürfel ein, und gönnen Sie sich einen Apple oder ein iPod. Kostenloses WLAN. Nutzen Sie dies, um über Foursquare, Facebook oder Instagram andere eifersüchtig zu machen. Ganzjährig täglich rund um dieUhr geöffnet.

18 FAO SCHWARZ

767 5th Ave.
www.fao.com
So–Do 10–19 Uhr, Fr/Sa 10–20 Uhr.

Das älteste Spielzeuggeschäft des Landes und auch das größte hinter Toys 'R' Us, das seinen Konkurrenten schließlich gekauft hat. Der Eingang hinter dem Apple Store wird von lebensgroßen Bleisoldaten flankiert. In ihrem ersten Kinofilm statten die Schlümpfe auf ihrem Weg durch New York übrigens auch FAO Schwarz einen Besuch ab.

19 NIKETOWN

6 E 57th St.
store.nike.com
Mo–Sa 10–20 Uhr, So 11–19 Uhr.

Willkommen im Mekka der Sportfans! Auf fünf Etagen! Seit der Wiedergeburt der Nike Air Max interessieren sich auch die nostalgischen Hipster dafür.

20 TIFFANY & CO.

727 5th Ave.
www.tiffany.com
Mo–Sa 10–19 Uhr, So 12–18 Uhr.

Wenn Sie auf Audrey Hepburns Spuren wandeln möchten, nehmen Sie hier zum Frühstück Platz. Vergessen Sie jedoch nicht Ihre Sonnenbrille, um nicht von all diesen Wunderwerken geblendet zu werden. Oder um Ihren begierigen Blick dahinter zu verbergen! Mit etwas Glück können Sie hier den Tiffany Yellow Diamond (einen der »best friends« von Marilyn) mit 128,54 Karat bewundern. Oder auch für 12 Millionen Dollar mit nach Hause nehmen.

21 TRUMP TOWER

725 5th Ave., zwischen 56th und 57th St.
www.trump.com
Mo–So 8–22 Uhr.

Täuschen Sie sich nicht.

Donald (oder sollte es nicht eher Dagobert heißen?) Trump ist ein Wesen von großer Distinktion. Aber Gold ist nun einmal seine bevorzugte Farbe, und er liebt es, Türme zu bauen. Pech für ihn, dass er mangels ausreichendem Charisma darauf verzichten musste, um das Präsidentenamt in den Vereinigten Staaten zu buhlen. Aber der Turm ist schön, oder?

22 MOMA

11 W 53rd St., zwischen 5th und 6th Ave.
www.moma.org
Sa–Do 10.30–17.30 Uhr, Fr 10.30–20 Uhr, an Thanksgiving & Weihnachten geschlossen.

Das MoMa ist ein fantastisches Museum. Einmal natürlich wegen seiner Sammlungen, aber auch, weil man hier sehr gut essen kann. Das alles ist Mrs. Rockefeller zu verdanken. Obgleich ihre Familie im Geld schwamm, musste sie für die Finanzierung des MoMa Sponsoren suchen. Denn mit moderner Kunst hatte Mister Rockefeller nichts am Hut ...

23 UNIQLO

666 5th Ave. und 53rd St.
www.uniqlo.com
Mo–Sa 10–21 Uhr, So 11–20 Uhr.

Eines der größten Geschäfte der Fifth Avenue und der größte UNIQLO der Welt. Erlauben Sie mir, das nochmals zu betonen: Dieser Laden ist groooooß. Bei rund 100 Anprobekabinen und etwa 50 Kassen ist der Einkauf schnell erledigt. Vorausgesetzt, Sie finden wieder nach draußen.

24 ST. PATRICK'S CATHEDRAL

5th Ave., zwischen 50th und 51st St.
www.saintpatrickscathedral.org
Tgl. 6.30–20.45 Uhr.

Die größte katholische Kirche in den Vereinigten Staaten empfängt jährlich über fünf Millionen Besucher, davon zündet eine Million eine Kerze an. Pro Tag werden hier fünf Messen gefeiert.

25 TOP OF THE ROCK

Rockefeller Center, 45 Rockefeller Plaza, zwischen 49th und 50th St. und 5th und 6th Ave.
www.topoftherocknyc.com
Tgl. 8–24 Uhr (letzte Auffahrt 23 Uhr).

Die einstige Privatterrasse der Rockefellers ist ein Aussichtsplatz geworden, von dem aus Sie einen außergewöhnlichen Rundblick über New York genießen. Die Express-Aufzüge bringen Sie in weniger als einer Minute in die 67. Etage. Schauen Sie während der Auffahrt an die Decke.

26 AMERICAN GIRL

5th Ave. und 49th St.
www.americangirl.com
Mo–Do 10–19 Uhr, Fr 10–21 Uhr, Sa 9–21 Uhr, So 9–19 Uhr.

Das Konzept ist ganz einfach. Eltern verlassen den Laden mit deutlich leichterem Geldbeutel, Kinder vollauf begeistert. Julie, Ruthie, Ivy und Addy sind nur einige wenige der großartigen Puppen dieser Sammlung. Das nächste »American Girl« wird wahrscheinlich Pretty Penny heißen.

27 NBA STORE

590 5th Ave. zwischen 47th und 48th St.
www.nba.com/nycstore
Mo–Sa 10–21 Uhr, So 11–19 Uhr.

Der NBA Store ist das gelobte Land der Basketball-Fans. Die derzeitige Adresse gilt allerdings nur vorübergehend, der Laden wird wieder umziehen. Zuvor befand sich der offizielle NBA-Laden in der 666 Fifth Avenue. Ja genau, dort, wo Sie heute UNIQLO finden, der Laden hat es nämlich akzeptiert, die fünffache Miete (20 Millionen Dollar pro Jahr) des NBA Stores zu bezahlen.

28 INTERNATIONAL GEM TOWER

50 West 47th St., zwischen 5th und 6th Ave.

Dieses Schmuckstück im Diamond District ist das Werk meines guten Freundes Kim Van Holsbeke. Der leitende Architekt des Architekturbüros SOM gehört zum ausgewählten Club der New Yorker Wolkenkratzer-Gestalter. Respekt!

29 BUILD-A-BEAR

5th Ave. und 46th St.
www.buildabear.com
Tgl. 9.45–19 Uhr.

Keine Lust, auf den Nikolaus oder den Weihnachtsmann zu warten? Dann basteln Sie Teddybären und weitere Plüschtiere hier einfach selbst!

30 BARNES & NOBLE

555 5th Ave. zwischen 45th und 46th St.
store-locator.barnesandnoble.com/store/2234
Mo–Fr 9–21 Uhr, Sa 10–21 Uhr, Sa/So 10–21 Uhr.

Voilà! Sie sind am Ende des Spaziergangs angekommen. Wenn Sie einen guten Reiseführer benötigen, können Sie hier einen kaufen. Es sei denn, Sie halten ihn bereits in der Hand.

PLUMMET
BNY
the final season
entourage
sundays / 10:30 pm
ONLY ON HBO
TELL US ON TWITTER

MONICA

DER AMERIKANISCHE TRAUM

»Ach, Sie sind Schauspieler? In welchem Restaurant arbeiten Sie?«

Der Unterhaltungssektor in New York besitzt eine solche Anziehungskraft, dass es in der Stadt von mehr oder weniger talentierten Schauspielern, Sängern und Tänzern nur so wimmelt. Für viele bedeutet der Versuch, ihr Glück im Showbusiness zu finden, dass sie nur dank eines schlecht bezahlten Jobs in der Gastronomie überleben können und jede Möglichkeit zum Vorsprechen oder Vorsingen nutzen, immer in der Hoffnung auf den Durchbruch, der – von wenigen Ausnahmen abgesehen – nie eintreten wird. Als ich noch in der Geschäftsleitung eines Restaurants tätig war, trug mir dieses Phänomen eine Menge Ärger ein. Ständig wechselndes Personal und dazu noch schwer verfügbar, schlecht motiviert und oft inkompetent. Monica war daher ein echtes Geschenk des Himmels.

Monica ist Ungarin. Wie so viele ist sie ihrem »amerikanischen Traum« gefolgt. Anders als bei nicht wenigen ihrer Kolleginnen liegen ihre Zukunftsaussichten jedoch in der Gastronomie. Sie sehnt sich nicht danach, berühmt zu werden. Aber sie möchte Geld verdienen. Daher gehört sie zum auserwählten und sehr begehrten Club der professionellen Serviererinnen. Sie beherrscht ihren Beruf aus dem Effeff und gewährleistet einen tadellosen Service. Von ihr habe ich ein paar Tricks gelernt, wie man sich höhere Trinkgelder sichert. Das ist in New York eine überlebenswichtige Kunst, denn ein Stundenlohn ist hier nicht üblich. Was man am Ende eines Arbeitstages mit nach Hause nimmt, hängt weitgehend vom Trinkgeld ab. Je nach Service liegt dieses durchschnittlich zwischen 15 und 20 Prozent. Je mehr Ihre Gäste konsumieren, desto mehr verdienen Sie. Übers Jahr gesehen machen die paar Dollar zusätzlich, die Sie bekommen, wenn Sie eine Flasche Wasser anstelle von Leitungswasser empfehlen, ein Smiley auf die Rechnung zeichnen, einem Gast freundschaftlich über die Schulter streichen oder im richtigen Moment einen guten Witz loslassen, einen nicht zu verachtenden Unterschied. Monica hatte das sehr gut verstanden. Sie schrieb systematisch die besten Zahlen, und die Gäste liebten sie. Während ihre Kollegen nur an ihr nächstes Vorsingen dachten, hatte sie allein das gesamte Restaurant unter Kontrolle.

Monicas Ziel ist es, in einer der schicksten Bars von New York *cocktail waitress* zu werden und richtig gut zu verdienen. Um schon mal einen Fuß in der Tür zu haben, arbeitet sie dort zwischenzeitlich in der Garderobe. Hoffen wir, dass ihre Bemühungen bald belohnt werden und sie sich den gut bezahlten Job unter den Nagel reißen kann, um den sich ihr amerikanischer Traum spinnt.

TIPPS VON MONICA

GRATUITY (TRINKGELD)

Prüfen Sie die Restaurantrechnung genau. Vor allem in Lokalen, die viel von Touristen besucht werden, ist das Trinkgeld häufig im Preis inbegriffen, obwohl das verboten ist. Fällt Ihnen das nicht auf, kann es passieren, dass Sie es doppelt bezahlen: einmal durch das Begleichen der Rechnung und zusätzlich durch ein gesondertes Trinkgeld. Nur ein absolut außergewöhnlicher Service verdient jedoch eine doppelte Belohnung!

BROADWAY-SHOW – THE LION KING

»*The Lion King*« gehört zu den unumgänglichen Broadway-Shows im Theatre District. Wenigstens einmal im Leben sollte jeder eine solche Show besucht haben, und dieses Musical garantiert ein bezauberndes Schauspiel, bei dem alles – Kulisse, Kostüme, Gesang und Tanz – einfach unwiderstehlich ist.

TIPP VON PATRICK

MUSICAL MARVELS

Die Broadway-Vorstellungen, die alle von ausgezeichneter Qualität sind, bilden eine der größten kulturellen Attraktionen New Yorks. Aus aller Welt strömen junge Talente mit der Hoffnung zum Big Apple, in einer der zahllosen Vorstellungen eine Rolle zu ergattern. Zögern Sie nicht, in die Magie des Broadway einzutauchen: Sie werden diesen Abend nicht bereuen.

Leider kosten die Karten manchmal ein Heidengeld. Wenn Sie genau wissen, welche Vorstellung Sie sehen möchten, sollten Sie versuchen, die Karten direkt am *box office* (Abendkasse) zu kaufen. Aus Erfahrung weiß ich, dass die Preise dort in der Regel interessanter sind.

DAS

DER RESTAURANTS

In New York gibt es Restaurants wie Sand am Meer. Um Ihnen bei der Wahl zu helfen, in welchem Rahmen Sie Ihre nächste Mahlzeit einnehmen möchten, hat die New Yorker Gesundheitsaufsicht jedem Lokal ein A (blau), B (grün) oder C (rot) zugewiesen. Mit einem A sind Sie auf der sicheren Seite: Hier sollte alles zur allgemeinen Zufriedenheit ablaufen. Ein B bedeutet, dass es einige Steine des Anstoßes, aber keinen echten Grund zur Beunruhigung gibt. Haben Sie hingegen ein Auge auf ein Restaurant mit dem Label C geworfen, sollten Sie nicht vergessen, dass es in New York mindestens ebenso viele Ratten wie New Yorker gibt und dass es Ihrer Entdeckung der Stadt nicht wirklich zuträglich ist, im Restaurant deren Bekanntschaft zu machen.

Tatsächlich muss jedes Restaurant die Bewertung aushängen, während jedoch ein A gut sichtbar angebracht wird, können B und C schwieriger zu entdecken sein. Angesichts ihrer Aushangpflicht überbieten sich einige Restaurants sogar an Kreativität. So hat beispielsweise ein Wirt an das B in derselben Schrift noch »runch« angefügt.

QUALITÄTSMENÜS CUM GRANO SALIS

Dieses Bewertungssystem ist ein guter Richtwert, jedoch sind gewisse Anmerkungen geboten:

1. Die Bewertung betrifft nur die Lebensmittelsicherheit, nicht die kulinarischen Qualitäten.
2. Von den Verstößen, die die Bewertung eines Restaurants nach unten treiben, haben viele gar nichts mit dem Essen an sich zu tun. Die Inspektoren betrachten insbesondere einen zu geringen Abstand zwischen der Küche und dem Sanitärbereich oder das Fehlen eines Deckels auf einem Mülleimer als Minuspunkt.
3. Zudem ist dieses System von kulturellen Vorurteilen geprägt: Die Zubereitungsweisen, die in einigen Küchen verlangt sind, stimmen nicht mit den Anforderungen der Gesundheitsaufsicht überein. So standen Chinarestaurants wiederholt wegen der Gartemperatur ihrer Enten in der Kritik, bis eine Studie zeigte, dass diese Praxis völlig gefahrlos ist. Dasselbe gilt für zahlreiche Sushi-Restaurants, in denen der Küchenchef den Fisch mit bloßen Händen verarbeitet.

84 Prozent der Restaurants ergattern am Ende jedoch ein blaues A. Allerdings unter der Voraussetzung, dass sie zuvor ihre (teils sehr hohen) Strafen zahlen. Daher behaupten böse Zungen, das in New York geltende Bewertungssystem sei eher eine Gelddruckmaschine als eine Qualitätsgarantie.

RICHARD

NACHHILFE VOM PATEN

Als ich, allein auf weiter Flur, in New York eine Bruchlandung hinlegte, war mein Leben alles andere als ein Rosengarten. Neben meinen täglichen Sorgen war ich nämlich mit einem großen Problem konfrontiert: meiner Aufenthaltsgenehmigung oder der berühmten *Greencard.*

Da ich nur ein Jahr mit der Liebe meines Lebens (zumindest glaubte ich das damals) verheiratet gewesen war, musste ich mich einem Gespräch unterziehen, das die Gültigkeit dieser Ehe kontrollieren sollte. Leider hatten wir kein gemeinsames Bankkonto eröffnet. Zudem hatte ich den Mietvertrag auf ihren Namen weiterlaufen lassen, krankenversichert war ich noch in meiner Heimat und ich hatte nicht in jeder Ecke Fotos von uns als Paar. Abgesehen von ein paar Liebesbriefen, hatte ich keine stichhaltigen Beweise dafür, dass unsere Beziehung tatsächlich bestand. Zum Glück gab es Richard. Er griff auf seine Kontakte zurück, um mir einen guten Rechtsanwalt zu verschaffen, dem es im letzten Moment gelang, mir alle bürokratischen Hindernisse aus dem Weg zu räumen.

Derselbe Richard hat mir das Netzwerken beigebracht. Er weiß, wie schwierig es ist, etwas zu erreichen, wenn man die richtigen Leute nicht kennt. In New York gilt mehr als andernorts das Sprichwort »*It's not what you know, it's who you know*« (»Es kommt nicht darauf an, was du weißt, sondern wen du kennst«).

Wir nennen ihn »The Godfather« (»Den Paten«). Der Spitzname ist eher durch seine italienische Herkunft als durch seine Persönlichkeit gerechtfertigt. Denn Richard, der einen komfortablen Wohlstand genießt, liebt es, den Weihnachtsmann zu spielen. In dem Restaurant, das ich leitete, verteilte er großzügige Trinkgelder und hatte trotz der *no reservation policy* seinen Stammtisch. Genau wie sein Getränk: Stoli (Wodka) gemixt mit Club Soda, ohne Eis. Sein Glas war zubereitet, noch bevor er durch die Tür trat. Vom Tellerwäscher zum Chef: Jeder wusste das und hatte Freude daran, ihn zu bedienen. An Tagen mit Hochbetrieb schickte man ihm sogar eine SMS, um zu erfahren, ob sein Platz freigehalten werden sollte. Zufälligerweise habe ich von ihm den Aphorismus gelernt »*Money talks, bullshit walks*« (frei übersetzt: »Ohne Moos nichts los«).

TIPP VON RICHARD

THE OAK ROOM IM PLAZA HOTEL

Für ein leckeres Frühstück, einen geselligen Brunch oder einen Nachmittagstee mit Gebäck sollten Sie den »Oak Room« im »Plaza Hotel« an der Ecke 59th Street und 5th Avenue ausprobieren, direkt gegenüber vom Central Park und vom Apple Store. Der schöne Rahmen lässt die etwas übertriebenen Preise schnell vergessen.

TIPP VON PATRICK

Im Untergeschoss des »Plaza Hotels« erstreckt sich eine riesige *food hall* (Fressmeile). Ein zusammenhängender, stilvoll eingerichteter Saal, der eine Sammlung kulinarischer Meisterleistungen aufnimmt, eine raffinierter als die andere. »Luke's Lobster« gehört dazu. Hummer in einem Brötchen, auch *Lobster Roll* genannt: Das Konzept ist einfach, das Ergebnis jedoch köstlich und erschwinglich. Kein Wunder also, dass »Luke's Lobster« seit der Eröffnung 2007 außergewöhnlich beliebt ist.

www.theplazany.com/dining/foodhall

DIE KUNST, DAS RICHTIGE TRINKGELD ZU GEBEN

In vielen europäischen Ländern steht es dem Gast frei, ob er ein Trinkgeld gibt. In New York ist das anders: Da der Stundenlohn des Personals in der Gastronomie gering oder gleich Null ist, sind die dort Arbeitenden zum Überleben auf die Trinkgelder angewiesen. Ob der Service nun zufriedenstellend war oder nicht: Es kommt daher nicht infrage, sich um das Trinkgeld zu drücken, auch wenn es nach unten angepasst werden kann. Wenn Sie gar nichts geben, kann es passieren, dass man Sie ermahnt. Denn für die Kellnerin/den Ober dient das Trinkgeld nicht nur dem Lebensunterhalt. Sehr oft zieht sie/er von ihren/seinen *Tipps* die Bezahlung für die *busboys* (die die Tische abräumen), die *runners* (die das Essen bringen), das Küchenpersonal etc. ab. Und im Prinzip muss sie/er darauf Steuern entrichten, eine sicher theoretische Maßnahme für Trinkgeld, das bar bezahlt wird, unumgänglich jedoch bei Bezahlung mit Kreditkarte. Aber selbst wenn es das Trinkgeld bar auf die Hand gibt, lässt sich der IRS (amerikanische Steuerbehörde) nicht täuschen: Die Kellnerin/der Ober muss etwas angeben.

WEM SOLLTEN SIE EIN TRINKGELD GEBEN?

Im Dienstleistungsbereich fast jedem. Kellnern, Taxi- und Busfahrern, Hotelpersonal, Friseuren etc. Außer in großen Ketten wie Starbucks und McDonald's, wo dies nicht üblich ist.

WIEVIEL SOLLTE MAN GEBEN?

Zwischen 15 und 20 Prozent. Die klassische Regel lautet »Steuer mal zwei« (die Mehrwertsteuer liegt hier bei 8,875 Prozent), derzeit gibt ein New Yorker, der etwas auf sich hält, jedoch fast immer 20 Prozent. In Kneipen besagt die stillschweigende Regel: 1 Dollar pro Getränk, 2 Dollar, wenn Sie etwas Hochprozentiges wählen. Portiers begnügen sich mit 1 oder 2 Dollars und die Zimmermädchen bekommen 3–5 Dollar pro Tag (weil niemand enden möchte wie Dominique Strauss-Kahn).

GREEN-CARD

In den USA steht die berühmte *Greencard* für eine unbefristete Aufenthalts- und Arbeitsgenehmigung, für den Status des permanent resident. Davon träumen viele, es ist aber leider auch ein schwieriger Weg bis dahin, den viele Hindernisse und Beschränkungen säumen.

Es gibt fast 200 Arten von Visa, mit denen Sie in die Vereinigten Staaten einreisen können, die amerikanischen Behörden haben jedoch keine Lust, Ihnen auch nur eine einzige davon zu gewähren. Zumindest vermitteln sie diesen Eindruck. Es sei denn, Sie sind ein außergewöhnlich begabter Atomphysiker oder – auch dafür gibt es ein Visum – ein von der Natur besonders verwöhntes Topmodel. Die Greencard kann auch nach fünfjährigem Aufenthalt beantragt werden, das Verfahren ist jedoch nervenaufreibend langwierig. Sich eine reiche Texanerin oder einen reichen Texaner mit dem Lasso einzufangen, ist noch die einfachste Art, in die Vereinigten Staaten auszuwandern.

Wer lieber ledig bleibt, hat auch noch eine Alternative. Wenn Sie den Hang zum Spieler haben, können Sie im Herbst an der Green Card Lottery teilnehmen, die pro Jahr 50 000 Menschen die Chance auf ein neues Leben in *the land of the free and home of the brave* gibt.
www.dvlottery.state.gov

KEINE SCHULDEN, KEIN KREDIT

Ohne *credit score* kommt man in den USA nicht weit. Die Zahl gibt an, ob Sie ausreichend solvent sind für ein Darlehen, ein neues Auto, das Mieten einer Wohnung etc. Seltsamerweise kann ein solcher *credit score* nur zugewiesen werden, wenn man einen Kredit aufnimmt. Sie leisten Ihre Rückzahlungen regelmäßig? Dann steigt Ihr Wert! Sie sind ein schlechter Zahler? Er sinkt! Mit einem Wert von 300 ist es ein Ding der Unmöglichkeit, sich ein Ei zu borgen. Steigt Ihr Wert hingegen auf 850, werden Sie mit Anrufen von Anbietern von Investmentfonds geradezu bombardiert. Mit einem Durchschnittswert von 650 stehen Sie gut da.

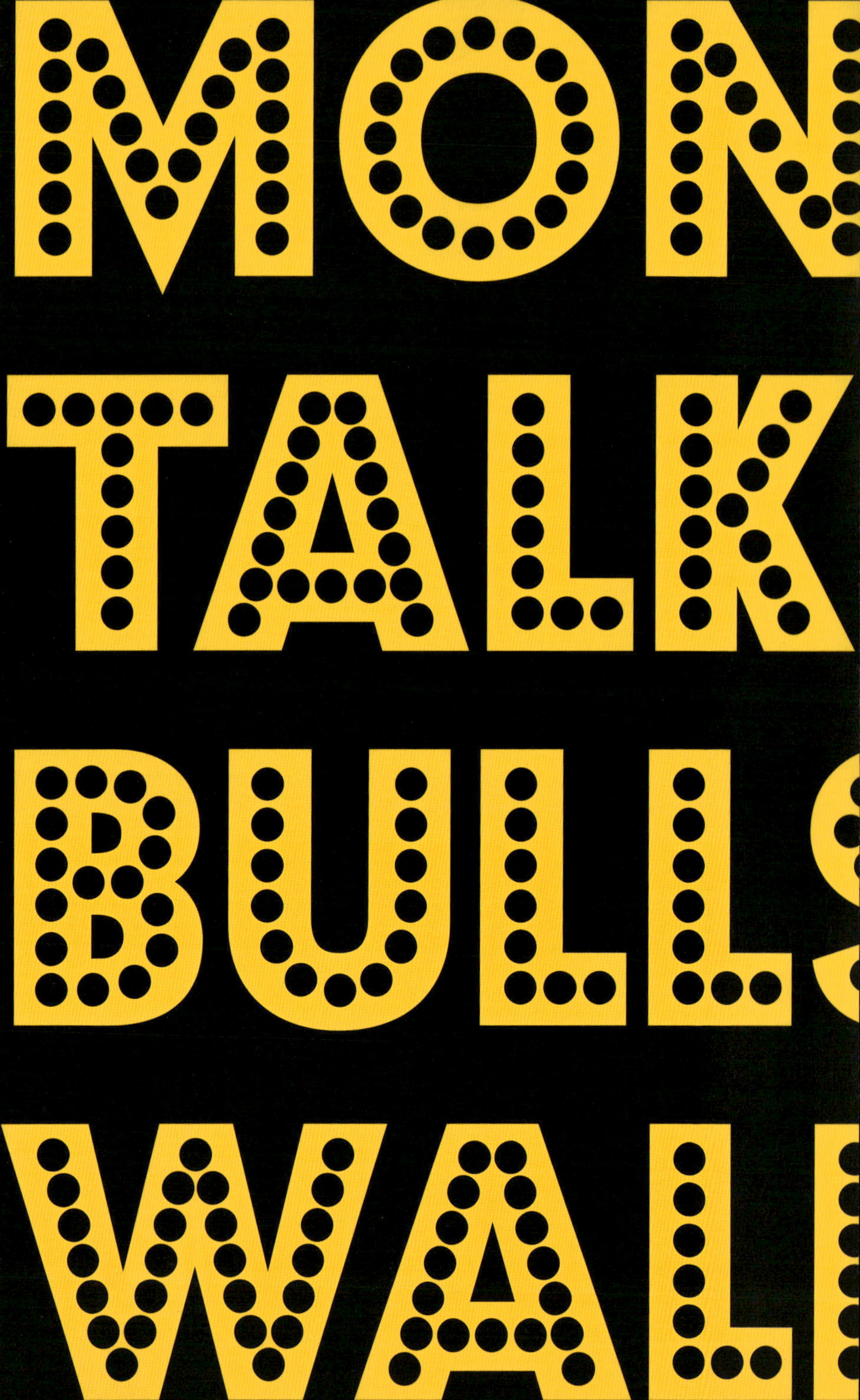
MON
TALK
BULL
WAL

EY
S,
SHIT
KS.

RICHARD

* Schöne Worte sind billig,
doch nur mit Geld kommt man weiter.

allENGER
SPORTS
LOVE

SEVEN & NATURELE

HIPSTER KIDS

Diese beiden kleinen Monster sind die süßen Kinder meiner guten Freundin Arul (deren Geschichte Sie in diesem Buch noch lesen werden), die sich bemüht, deren Kreativität bestmöglich zu fördern. Wenn ihr Beruf sie zu sehr beansprucht, löse ich sie ab. Ich bastle mit ihnen Papierflieger, und wir malen große Bilder. Sie sorgen für ein Krafttraining meiner väterlichen Gefühle, die mein Wunsch nach eigenen Kindern in ein echtes Vergnügen verwandelt. Mir ist es zu verdanken, dass ihre Erziehung eine europäische Färbung erhält. Sie haben gelernt, Pommes frites so zu essen, wie es sich gehört: mit Mayonnaise. Und eine Muschel aus der Schale zu lösen, und zwar mit der Schale der vorherigen Muschel. Im Restaurant wissen sie genau, was sie haben möchten, und äußern dies furchtlos. Ihre Höflichkeit und ihr großes Mundwerk entzücken mich. Kein Zweifel: Sie sind echte New Yorker.

Hier lernen Kinder ab der Geburt, mit anderen Kulturen, Religionen und Sprachen Umgang zu haben. Chinesen, Afrikaner, Mexikaner ... Jede Schulklasse ist ein Universum im Kleinformat. Und doch gelingt es ihnen, miteinander zu kommunizieren. Da ihre *nannies* zudem häufig lateinamerikanischer Herkunft sind, gehören zu ihrer Erziehung häufig Grundkenntnisse in Spanisch.

In New York respektiert man nicht nur Unterschiede, sondern auch Talent. Ich sehe es furchtbar gerne, wenn Seven und Naturele sich in der Subway über die Musik eines obdachlosen Künstlers köstlich amüsieren. Das Wichtige ist, man selbst zu sein und entsprechend zu handeln. Es ist unwichtig, woher Sie kommen oder wie Sie aussehen. Man muss seiner Kreativität freien Lauf lassen. Halloween ist die ideale Gelegenheit, diese Kreativität anzuregen. Das *pumpkin carving* (Kürbisschnitzen) ist in den USA eine Art Nationalsport. Genau wie die berühmte Praxis des *trick-or-treat* (Süßes, sonst gibt's Saures), die es Erwachsenen erlaubt, sexy gekleidet auf der Straße herumzulaufen, und den Kindern, sich mit Süßigkeiten vollzustopfen. Mit einem zusätzlichen Vorteil: In New York genügt häufig ein einziger Wohnblock, sich einen Süßigkeitenvorrat für ein ganzes Jahr zu sichern!

New York hat Kindern viel zu bieten, auf diesem Gebiet wird jeder Babysitter sehr schnell unschlagbar. Ein klares Muss sind die Spielzeugpaläste Toys 'R' Us und FAO Schwarz, ich habe aber im Central Park auch ein Marionettentheater entdeckt, das im Swedish

Cottage eingerichtet ist. Ein echtes Theater im »New Yorker Stil«, Graffiti und Rap inbegriffen. Die zahlreichen Spielplätze zeugen von der Wachsamkeit der New Yorker: Dort kommt man nur in Begleitung eines Kindes hinein!

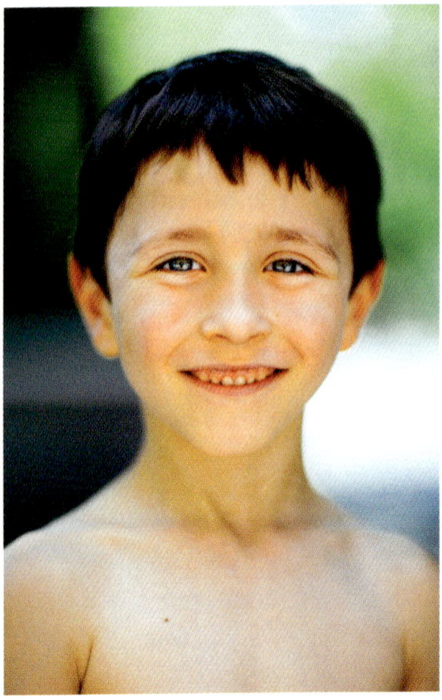

TIPP VON SEVEN

BUILD-A-BEAR
5th Ave. und 46th St.
www.buildabear.com
In dieser Fabrik für Plüschtiere kannst du deinen besten Freund selbst zum Leben erwecken. Wie er aussehen wird, welche Geräusche er von sich geben und wie er sich kleiden wird, ist alles deine Entscheidung. Stecke in seine Brust ein Herz mit deinem Herzenswunsch und stopfe sie anschließend mit einer weichen Füllung aus.

TIPP VON NATURELE

AMERICAN GIRL
5th Ave. und 49th St.
www.americangirl.com
Wähle deine Puppe, ziehe sie an, frisiere sie, schminke sie ... Dieses Puppenparadies erfüllt alle Wünsche. Die Wahl an Zubehör ist atemberaubend. Deine Wunschliste wird sicher nicht kleiner werden!

FUN FACT
Der große Video-Bildschirm an der Fassade des M&M Store zeigte einmal eine »süße« Version des »Naked Cowboy«. Diese Initiative fand jedoch keinen Anklang bei der Originalfigur, die schon lange Patentschutz für sich beantragt und erhalten hatte. Und in diesem Fall konnte sich der Laden nicht mit ein paar Packungen M&M aus der Affäre ziehen. Der Süßigkeitenhersteller musste acht Millionen Dollar Schadenersatz hinblättern.

VON KAKERLAKEN UND ERDNÜSSEN

Hin und wieder mache ich meinem Neffen Mathias mit einem kleinen Geschenk eine Freude, das vom Zauber New Yorks erfüllt ist. Beispielsweise mit einem Süßigkeitenspender, an dem man nur drehen muss, um eine Portion M&M zu bekommen. Direkt aus dem M&M-Hauptgeschäft am Times Square. Beim Öffnen des Päckchens hat Mathias jedoch einen blinden Passagier entdeckt: eine Kakerlake, die den Atlantik überquert hatte. Als ich mich im Geschäft beschwert habe, boten sie mir zum Ausgleich an, ich könne mir aus ihrem Sortiment etwas aussuchen. Als routinierter New Yorker habe ich den Spieß jedoch umgedreht. Es sei ihre Sache, etwas zu finden, was für das Herz meines so skandalös traumatisierten Neffen Balsam sein könnte. Und es hat funktioniert! Wenig später erhielt ich zwei große Schachteln, die bis oben hin mit M&M-Produkten gefüllt waren. Manchmal ist es doch angenehm, im »Land der Prozesse« zu leben.

FUN FACT
Wegen ihrer großen Anzahl und ihrem Fahrstil werden die gelben Cabs von Busfahrern häufig als Kakerlaken bezeichnet.

FUN FACT
Nur einer von hundert Erdnüssen widerfährt die Ehre, in einem M&M-Produkt verarbeitet zu werden.

NEW YORK FOR KIDS

CHELSEA PIERS

23d St. & Hudson River Park
www.chelseapiers.com

Bowling, Golf, Fitness, Laufen, Football, Hockey, Kletterwand, Boxen, Gymnastik und vieles mehr. Der Sport- und Freizeitkomplex Chelsea Piers hat rund 20 Sportarten im Angebot. Bei Bedarf mit professioneller Unterstützung. Ein idealer Ort, wo Ihre Kinder sich austoben und Sie entspannen können.

SWEDISH COTTAGE

Im Westen des Central Park, auf Höhe der 79th St.
www.cityparksfoundation.org/arts/swedish-cottage-marionette-theatre

Seit 1947 beherbergt das Swedish Cottage im Central Park ein Marionettentheater für Kinder. Gezeigt werden klassische Stücke wie Peter Pan und moderne New Yorker Geschichten mit Rap und Graffiti.

TOYS 'R'US

1514 Broadway bei der 44th St.
www.toysrusinc.com/about-us/times-square/

In »*The world's greatest toy store*« sind Kinder immer

brav. Sie können sich zwischen Lego-Wohnblöcken verlaufen, zusammen mit »Spiderman« fotografieren lassen, eine Runde mit dem Riesenrad fahren, im Erdgeschoss Videospiele spielen etc.

FAO SCHWARZ

767 5th Ave.
www.fao.com

Dieser Inbegriff der Spielsachen verdient einen Besuch. Vor Weihnachten noch mehr als den Rest des Jahres. Hier kann man mit den Füßen auf einem Riesenklavier spielen wie Tom Hanks, voller Bewunderung vor den übergroßen Plüschtieren stehen und seine eigenen Muppets herstellen. Auch in den Gängen verlieren kann man sich ... und in seinen eigenen Gedanken.

M&M'S STORE

1600 Broadway, New York, NY 10022
www.mmsworld.com

Im Hauptgeschäft von M&M, gleich nördlich vom Time Square, werden die M&M-Produkte in sämtlichen Regenbogenfarben durchdekliniert. Im ersten Stockwerk kann man sie sogar mit einem Text oder Bild individuell gestalten. Es sei denn, Sie ziehen es vor, ein Foto von sich zu verwenden und aller Welt zu zeigen, dass Sie ein echtes Zuckerstück sind.

DYLAN'S CANDY BAR

1011, 3rd Ave.
www.dylanscandybar.com

Ralph Laurens Tochter Dylan hat den Unternehmergeist ihres Vaters geerbt (und verfügt über ein entsprechendes Bankkonto, was ungemein hilft!). Inspiriert von Willy Wonka, dem Protagonisten aus dem Film »Charlie und die Schokoladenfabrik«, hat sie an der Upper East Side einen Laden eröffnet, der sich den Bonbons ebenso verschrieben hat wie der Mode. Auf drei Etagen präsentiert diese Walhalla der Zuckerwaren-Liebhaber ein Sortiment von über 7000 Leckereien. Im Erdgeschoss steht eine Barbie, die Dylan nachempfunden ist, neben der gewaltigen Candy Bar Celebrity Wall, die von den bevorzugten Produkten unzähliger Stars und Sternchen Zeugnis ablegt, die den Versuchungen dieses süßen Garten Edens nicht widerstehen konnten.

ALICE IN WONDERLAND

E 74th St., Central Park

Dieses Kunstwerk aus Bronze wurde von den berühmten Figuren aus »Alice im Wunderland« inspiriert. Ein kleines Geschenk für die Kinder in New York, eigens zum Herumklettern gemacht.

CENTRAL PARK ZOO

64th St. und 5th Ave.

Kinder sind vernarrt in diesen kleinen Zoo mitten im Central Park, in dem mehr als 130 Tierarten vereint sind, insbesondere Schneeleoparden, Pinguine und Robben. Man kann dort sogar eine Geburtstagsfeier ausrichten, vorausgesetzt, das Sparschwein wird geschlachtet, denn die billigste Party geht bei 5000 Dollar los.

2014
WATCH
ALL
MATCHES
LIVE
Surfer
LOVE
CHALLENGER

SEAN LYNCH

COMEDIAN, AHOI!

Lieben Sie Comedy? Am Times Square kann man sich dieser Frage kaum entziehen. Es ist der ideale Aufhänger, um sich Eintrittskarten zu holen, denn wer möchte nicht gerne lachen? Es besteht jedoch ein großer Unterschied zwischen dem, was man Ihnen dort andrehen möchte, und einer echten New Yorker Comedy-Aufführung. Glauben Sie meinem guten Freund Sean, der diesen Weg seit Jugendtagen geht.

Übrigens hatte er von Anfang an Erfolg. Er hat viel als Synchronsprecher gearbeitet und war eine der Stützen von »*Celebrity Death Match*« im MTV. Die Attentate vom 11. September, die ihm zwei seiner Freunde genommen haben, die ebenfalls Comedians waren, haben seine Karriere ausgebremst. Da sein humoristischer Sinn vorübergehend unter den Trümmern begraben lag, hat er lange Zeit auf Monologe als Komödiant verzichtet.

Aber die wahre Natur lässt sich nicht verleugnen, und so hat Sean den Weg zurück auf die Bühne gefunden. Mit Erfolg. Er hat die Gabe, die harten Lektionen des Lebens in unwiderstehliche Spielszenen zu verwandeln, über die sich heute wieder Zuschauer im ganzen Land amüsieren dürfen.

Eines Tages ist Sean beispielsweise überfallen worden. »*Not a big deal in New York*«, sagt er dazu. Er war in der Metro Richtung Harlem eingeschlafen und entdeckte beim Aufwachen verblüfft, dass ein etwa Sechzehnjähriger dabei war, ihm mit absolut professioneller Geschicklichkeit seine Brieftasche zu klauen. Anstatt zu protestieren, fragte Sean den Dieb, ob er schon einmal mit dem DMV (Department of Motor Vehicles) zu tun gehabt habe. Er könne das Geld behalten, solle ihm aber seinen Führerschein zurückgeben, damit er diese Verwaltungshölle nicht noch einmal durchlaufen müsse. Der Dieb willigte ein und gab ihm den Führerschein zurück, bevor er sich mit der restlichen Beute aus dem Staub machte.

Ich selbst war für ihn eine Quelle der Inspiration. Eines schönen Tages lud er mich zu einer seiner Vorstellungen ein. Er hatte nur vergessen mir zu sagen, dass der Großteil dieses Abendprogramms mich zum Thema hatte. »*Patrick the Belgian*« war sogar einer von Seans Kurzfilmbeiträgen beim Internationalen Filmfestival von Manhattan.

TIPP VON SEAN

Lassen Sie sich nicht von den Comedy-Veranstaltungen ködern, die man Ihnen am Times Square andrehen möchte. Die Qualität lässt zu wünschen übrig, und das Niveau verhält sich umgekehrt proportional zum Preis. Wenn Sie den Monolog eines Comedians besuchen möchten, der diesen Namen verdient, gehen Sie in den Broadway Comedy Club. Der Inhaber, der früher selbst Comedian war, sucht die Künstler, die bei ihm auftreten dürfen, persönlich aus. Die Preise sind zudem vernünftig.
www.broadwaycomedyclub.com

FUN FACT

Am Times Square sind die meisten Kartenverkäufer für Comedy-Veranstaltungen selbst vom Fach. Für eine bestimmte Anzahl verkaufter Karten dürfen Sie eine Minute auf die Bühne. Die Club-Eigentümer sorgen sich weniger um die Qualität der Vorstellungen als um volle Säle. Nur ist der beste Verkäufer nicht unbedingt auch ein guter Comedian.

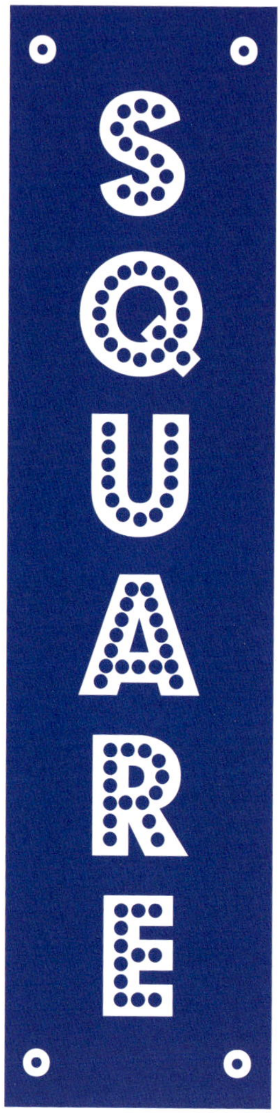

COMEDY

In New York hat Comedy eine jahrzehntelange Tradition, und noch heute ist die Stadt das Mekka aller amerikanischen Comedians mit einer Unmenge an Clubs und beliebten Live-Aufzeichnungen für das Fernsehen wie *»Saturday Night Live«*, *»The Daily Show«* und *»The Tonight Show«*. Mit etwas Glück können Sie sogar Jerry Seinfeld in Aktion bewundern, den bekanntesten Fernseh-Comedian in der Geschichte der USA. Seit der letzten Ausstrahlung seiner (sehr typisch New Yorker) Sitcom *»Seinfeld«* 1998, die von 80 Millionen Amerikanern gesehen wurde, tritt der Comedian etwas langsamer. Hin und wieder kreuzt er jedoch unangekündigt wieder auf der Bühne auf, unter anderem im Gotham Comedy Club.

DER NAKED COWBOY

Nach über zehn Jahren gehört er am Times Square

BENY
NAKED COWGIRL
NAKED COWGIRL
NAKED COWGIRL

zum Inventar. Der »Naked Cowboy« (keine Panik, eine Unterhose trägt er) hat schnell eine solche Popularität erlangt, dass er jede Menge Nachahmer gefunden hat. Heute findet man am Times Square auch einen »Naked Indian« und sogar eine »Naked Granny«. Er selbst hat eines der »Naked Cowgirls« geheiratet, die ihm hin und wieder assistieren.

Robert Burck (so heißt der »Naked Cowboy«) hat sogar politische Ambitionen und wollte sein Glück versuchen, Bürgermeister von New York oder sogar Präsident zu werden. Diese Ziele waren dann doch etwas zu hoch gesteckt, aber ansonsten blühen seine Geschäfte. Er singt noch immer täglich am Times Square und hat sogar ein Album herausgebracht. Wer davon träumt, von »Hochwürden Naked Cowboy« getraut zu werden, kann sich diesen Traum erfüllen. Kostenpunkt ab 499 Dollar. Sie erreichen ihn unter +1-866-99-NAKED.

FALSCHES MITLEID

Am Times Square wimmelt es von selbst ernannten buddhistischen Mönchen. Gegen eine Spende verteilen sie Amulette oder Talismane an die Touristen. In der Regel geben sie an, das Geld für den Bau eines neuen Tempels im Nirgendwoland zu benötigen. Eines Tages reichte einer meiner Kunden, der von einem dieser »Mönche« angesprochen wurde, ihm ganz unschuldig fünf Dollar. Der Mönch fragte ihn, woher er komme, blätterte in seinem Heft und verkündete, für Deutsche liege der Tarif bei 20 Dollar. Wer nicht wagt, der nicht gewinnt!

TIPP VON PATRICK

Ganz oben im berühmten »Marriott Marquis Hotel« am Times Square findet man Restaurant und Lounge »The View«. Da es sich um ein Drehrestaurant handelt, können Sie ein ständig wechselndes Panorama bewundern. Der Blick ist außergewöhnlich, die Preise sind es auch.
www.theviewnyc.com

COMEDY CLUBS

COMIC STRIP

1568 2nd Ave.
www.comicstriplive.com

»Comic Strip« ist der älteste Comedy-Club der Welt. Hier begann die Karriere von Eddie Murphy, aber auch die von Jerry Seinfeld und Adam Sandler. Und natürlich die von Ellen DeGeneres, Jimmy Fallon, Chris Rock, Jon Stewart, Sarah Silverman oder Wanda Sykes. Sie alle sind hier aufgetreten. Für junge Talente ist »Comic Strip« noch immer ein Highlight. Und da der Club täglich geöffnet hat, müssen Sie sich nicht um irgendwelche Öffnungszeiten kümmern.

THE CREEK AND THE CAVE

10–93 Jackson Ave., Long Island City, Queens
www.creeklic.com

Dieser berühme Comedy-Club befindet sich im Stadtbezirk Queens, eine Haltestelle vom Grand Central entfernt (Linie 7). Auch hier ist jeden Abend geöffnet (in der Regel von 18–22 Uhr). Gönnen Sie sich das Vergnügen! Vielleicht begegnen Sie hier sogar Seinfeld, der gerne mal hierher kommt.

MAMMA MIA!
HYUNDAI
War Horse
EVITA
MONEY EXCHANGE

36 000 KM²

10,6 MILLIONEN EINWOHNER

800 KM^2
NEW YORK
8,4 MILLIONEN EINWOHNER
± 600 000 ILLEGALE

SPAZIERGANG

2

NEW YORK IN BEWEGUNG

THE VILLAGES

HUDSON RIVER
MANHATTAN
GARMENT DISTR
GENERAL POST OFFICE
MADISON SQUARE GARDEN
PENN STATION
34 ST / PENN STATION
CHELSEA PARK
CHELSEA WATERSIDE PARK
THE HIGH LINE
MEATPACKING DISTRICT
FLATIRON DISTRICT
FLATIRON BUILDING
UNION SQUARE
UNION SQUARE PARK
GREENWICH VILLAGE
WEST VILLAGE
WASHINGTON SQUARE PARK
HUDSON RIVER PARK PIER 40
W34TH ST
W 33RD ST
W 36TH ST
W 30TH ST
W 31ST ST
W 29TH ST
W 28TH ST
W27TH ST
W 26TH ST
W 25TH ST
W 24TH ST
W 23RD ST
W 32ND ST
W 22ND ST
W 21ST ST
W 20TH ST
W 19TH ST
W 18TH ST
W 17TH ST
W 16TH ST
W 15TH ST
W 14TH ST
W 13TH ST
W 12TH ST
W 11TH ST
W 10TH ST
W 9TH ST
W 8TH ST
E 8TH ST
W 4TH ST
WEST 3RD ST
11TH AVE
12TH AVE
10TH AVE
9TH AVE
8TH AVE
7TH AVE
6TH AVE
5TH AVE
7TH AVE S
LINCOLN HIGHWAY
GANSEVOORT ST
HORATIO ST
JANE ST
12TH ST
BETHUNE ST
BANK ST
HUDSON ST
BLEECKER ST
GREENWICH AVE
PERRY ST
CHARLES ST
WAVERLY PL
CHRISTOPHER ST
CHRISTOPHER ST / SHERIDAN SQ
W 4 ST
WASHINGTON SQ N
GROVE ST
BARROW ST
COMMERCE ST
CORDELIA ST
MORTON ST
ST LUKE PL
CARMINE ST
DOWNING ST
CLARKSON ST
WEST ST
WASHINGTON ST
HOUSTON ST
MACDOUGAL ST
SULLIVAN ST
LAFAYETTE ST
COOPER SQ
ASTOR PL
WANAMAKER PL
8 ST / NYU
14 ST UNION SQ
14 ST
18 ST
23 ST
28 ST
8 AV
01 02 03 04 05 06 07 08 09 10 11 12 13 14 15 16 17 18 19 20 21 22 23 24 25 26 27

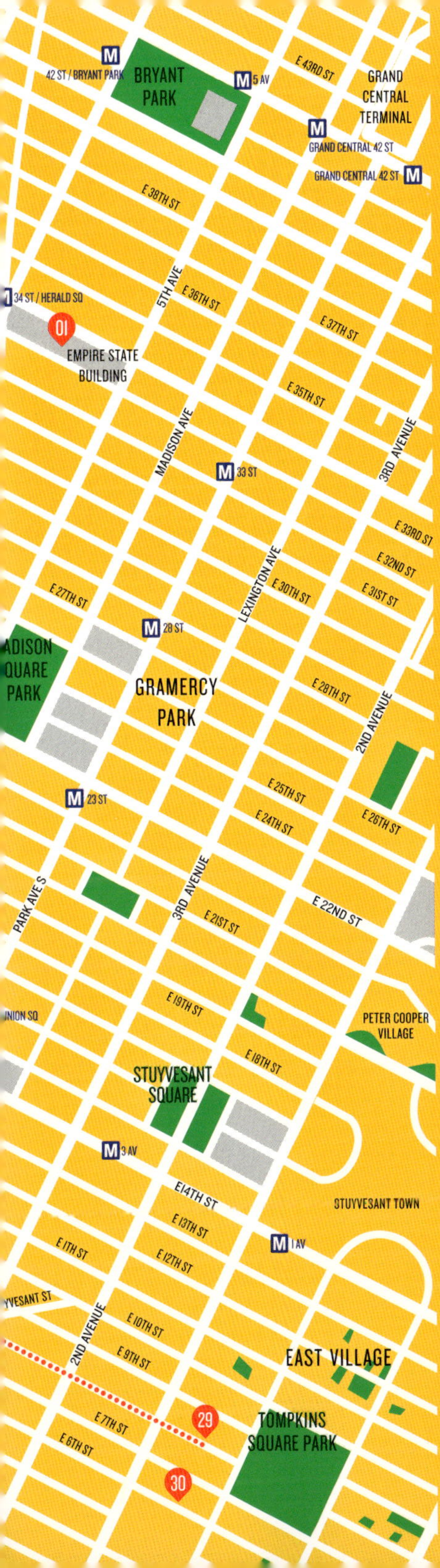

NEW YORK IN BEWEGUNG

THE VILLAGES

4–5 STUNDEN

1. EMPIRE STATE BUILDING
2. MACY'S
3. MADISON SQUARE GARDEN
4. JAMES FARLEY POST OFFICE BUILDING
5. HUDSON YARDS
6. HIGH LINE
7. IAC
8. HAUSER & WIRTH
9. MORIMOTO
10. THE LOBSTER PLACE
11. GIOVANNI RANA PASTIFICIO & CUCIAN
12. DIANE VON FURSTENBERG
13. THE STANDARD GRILL
14. CHRISTIAN LOUBOUTIN
15. FELLOW BARBER
16. CORNER BISTRO
17. MAGNOLIA BAKERY
18. BOBO
19. THE STONEWALL INN
20. THE GARRET
21. JOE'S PIZZA
22. MONTE'S TRATTORIA
23. MAMOUN'S FALAFEL
24. OTTO ENOTECA E PIZZERIA
25. WASHINGTON SQUARE PARK
26. TISCH SCHOOL OF ARTS
27. GRACE CHURCH
28. MCSORLEY'S OLD ALE HOUSE
20. PDT (PLEASE DON'T TELL)
30. DEATH & COMPANY

New York verändert sich in rasantem Tempo. Selbst wenn man dort lebt, ist es schwierig, auf dem Laufenden zu bleiben. Wenige Wochen Abwesenheit genügen, um ein verwandeltes Quartier vorzufinden: Da werden neue Wohnblöcke gebaut, Restaurants sind verschwunden, Parkanlagen neu angelegt, Straßen erneuert.

Auf diesem Spaziergang kommen Sie von einem Viertel ins nächste. Von Hudson Yards, das noch in den Kinderschuhen steckt, über das Quartier Chelsea, das etwa dem jungen Erwachsenenalter entspricht, bis zu den sehr viel reiferen Villages. Jedes hat seinen eigenen *look & feel*, seine Bewohner und seine Geschichte. Ihre einzige Gemeinsamkeit ist der Wandel. Kaum bleibt man stehen, wird einem klar: New York ist fortwährend in Bewegung.

1 EMPIRE STATE BUILDING

5th Ave. und 34th St.
www.esbnyc.com
Mo–So 8–2 Uhr.

Ein Orientierungspunkt in Midtown Manhattan. Das monumentale Empire State, das 1931 anstelle der Hotels »Waldorf & Astoria« errichtet wurde, ist so groß, dass es eine eigene Postleitzahl besitzt. In einer Zeit, in der Zeppeline noch aktuell waren, wurde oben auf dem Wolkenkratzer eine *docking station* für Luftschiffe angelegt. Durchschnittlich schlägt der Blitz 23-mal pro Jahr in den Turm ein.

2 MACY'S

151 W 34th St. zwischen 5th und 6th Ave.
www.macys.com
Mo–Fr 9–21.30 Uhr, Sa 10–21.30 Uhr, So 11–20.30 Uhr.

Muss man dieses Monstrum überhaupt noch vorstellen? Mit 200 000 Quadratmetern und über 4 Millionen Artikeln zieht das größte Kaufhaus der Vereinigten Staaten jedes Jahr 20 Millionen passionierte Käufer an. Ein ausländischer Pass ist 10 Prozent Preisnachlass wert.

3 MADISON SQUARE GARDEN

Zwischen 31st und 33rdSt. und 7th und 8th Ave.
www.thegarden.com

Der Madison Square Garden befindet sich in der 8th Avenue (nicht in der Madison Avenue!), ist rund (nicht viereckig) und eine Mehrzweckarena (kein Garten). Für seinen Bau musste der ehemalige Bahnhof Penn Station abgerissen werden, was dazu führte, dass die Landsmarks Preservation Commission ins Leben gerufen wurde – in der Hoffnung, künftig solche Fehlentscheidungen zu verhindern.

4 JAMES FARLEY POST OFFICE BUILDING

412 8th Ave. zwischen 31st St. und 33rd St.
www.usps.com
Mo–Fr 7–22 Uhr, Sa 9–21 Uhr, So 11–19 Uhr.

Seit dem Aufkommen der E-Mail und weiterer moderner Kommunikationsmittel steht das wuchtige Postgebäude gegenüber dem Madison Square Garden praktisch leer. Geplant ist, an dieser Stelle eine Neuauflage der Penn Station und des Madison Square Garden anzusiedeln. Denn bekanntlich mangelt es New York ja gewaltig an Wolkenkratzern ...

5 HUDSON YARDS

www.hudsonyardsnewyork.com
Zwischen 30th und 33rd St. und 10th und 12th Ave.Der Westen Manhattans befindet sich mitten in der Entwicklung. Hudson Yards ist das bedeutendste Bauprojekt seit dem Rockefeller Center und das größte private Immobilienprojekt in der Geschichte der Vereinigten

Staaten. Die Zahlen sind ebenso schwindelerregend wie die vorgesehene Höhe der fünf Türme. Fertig sein soll das Ganze 2019.

6 HIGH LINE

Zwischen Gansevoort St. und W 34th St.

www.thehighline.org

Dez.–März 7–19 Uhr, April, Mai, Okt. und Nov. 7–22 Uhr, Juni–Sept. 7–23 Uhr.

Ursprünglich überquerte die Eisenbahnstrecke die 10th Avenue, es ereigneten sich jedoch so viele Unfälle, dass sie den Beinamen »Death Avenue« (»Straße des Todes«) erhielt. Als man eine Hochbahntrasse gebaut hatte und die Strecke bei den Lagerhallen vorbeiführte, war das Problem gelöst. Ende der 80er-Jahre wurde die Strecke stillgelegt und ist einer öffentlichen Grünanlage gewichen. Ein gelungenes Projekt, das von Touristen ebenso geschätzt wird wie von den Bewohnern (des aufgewerteten Quartiers) und den lokalen Immobilienbesitzern.

7 IAC

555 W 18th St.

www.iac.com

Dieses Gebäude aus dem Jahr 2007 markierte das New Yorker Debüt des Architekten Frank Gehry. Der Hauptsitz des amerikanischen Internetunternehmens InterAcitveCorp war eines der ersten neuen Projekte neben der High Line.

8 HAUSER & WIRTH

511 W 18th St. zwischen 10th und 11th Ave.

www.hauserwirth.com

Di–Sa 10–18 Uhr.

Diese Galerie hat »The Roxy« abgelöst, eine beliebte Rollschuhbahn und Roller Disco und sichere Adresse des Nachtlebens. Hier traten Künstler wie Madonna, Cher und Whitney Houston auf. Heute regiert hier die Kunst, der Boden erinnert jedoch noch an die einstige Rollschuhbahn.

9 MORIMOTO

88 W 10th Ave.

www.morimotonyc.com

Mo–Mi 12–14.30 und 17.30–23 Uhr, Do–Fr bis 24 Uhr, Sa 17.30–24 Uhr, So 17.30–22 Uhr.

Küchenchef Masaharu Morimoto jongliert mit seinen Sushi-Messern in einem modernen Ambiente, das Gäste vom Typ »lässiger Chic« anzieht. Ein Besuch auf den Toiletten ist zwingend: Diese komplett automatisierten sanitären Wunderwerke wurden zu den »besten Toiletten des Jahres« gewählt.

10 THE LOBSTER PLACE

75 9th Ave. im Chelsea Market

www.lobsterplace.com

Mo–Sa 9.30–21 Uhr, So 10–20 Uhr.

Sollten Sie hier nicht den Fisch oder die Krustentiere Ihrer Träume finden, sind Sie wirklich ein hoffnungsloser Fall. Einfach mal schwach werden bei einem frisch gedünsteten Hummer oder einem köstlichen *Lobster Roll*. Es gibt auch noch ein Leben nach den Hamburgern.

11 GIOVANNI RANA PASTIFICIO & CUCIAN

75 9th Ave. im Chelsea Market

www.rananyc.com

Mo–Sa 11–23 Uhr, So 11–22 Uhr.

»Rana« ist eines meiner Lieblingsrestaurants: gute Qualität, erschwinglich und authentisch italienisch. Giovanni Rana, einem ausgebildeten Ingenieur, ist es gelungen, eine Maschine zu entwickeln, die das manuelle Teigkneten perfekt imitiert. Seine Erfindung kann im Pasta Studio bewundert werden. Genau wie das rote Moped, mit dem Giovanni, der aus Verona stammt, seine hausgemachte Pasta vor einem halben Jahrhundert ausgeliefert hat. Diese Initiative hat ihm eine Popularität beschert, auf die selbst der Papst neidisch werden könnte, außerdem ein Restaurant im gut betuchten Quartier Chelsea.

⑫ DIANE VON FURSTENBERG

874 Washington St. Ecke 14th St.
www.dvf.com
🕒 Mo–Mi und Fr/Sa 11–19 Uhr, Do 11–20 Uhr, So 12–18 Uhr.

Sie ziert unzählige Taxis, Werbeplakate, Gästelisten und Erfolgsbilanzen. Zwar hat Frau von Furstenberg durch die Scheidung ihren Prinzessinnentitel verloren, dennoch ist und bleibt sie die Königin der Mode. Persönlichkeiten wie Jennifer Lopez, Madonna und Michelle Obama tragen ihre Kreationen. Die Brüsseler Diva der Mode hat ihr Stammhaus und ihren Flagship-Store neben der High Line. Die Von Furstenberg Family Foundation ist offenbar in diesen Park vernarrt, denn sie hat bereits 35 Millionen Dollar für seine Anlage gespendet.

⑬ THE STANDARD GRILL

848 Washington St.
www.thestandardgrill.com
🕒 Mo–Do 12–15 und 19–24 Uhr, Fr–So 12–16 Uhr und 19–24 Uhr.

Ein Restaurant mit Atmosphäre, dessen Preise rasch von der Qualität der Speisen überstrahlt werden. Auch die Weinauswahl ist so ambitioniert wie kostspielig. Reservieren Sie rechtzeitig, um einen Platz im Speisesaal zu bekommen. Wenn die vordersten Tische noch frei sind, hat das einen guten Grund: Hier ist es so laut, dass eine Unterhaltung praktisch unmöglich ist.

⑭ CHRISTIAN LOUBOUTIN

59 Horatio St.
www.christianlouboutin.com
🕒 Mo–Sa 11–19 Uhr, So 12–18 Uhr.

Langsam, meine Damen! Hier ist der richtige Augenblick gekommen, Ihre Ersparnisse in neue Schuhe zu investieren – mit oder ohne die berühmten roten Sohlen und mit einem passenden Aufbewahrungsbeutel.

⑮ FELLOW BARBER

5 Horatio St.
www.fellowbarber.com
🕒 Mo–Fr 9–21 Uhr, Sa/So 9–18 Uhr.

»Fellow Barber« hat eine Marktlücke geschlossen: erschwingliche Haarpflegeprodukte in Verbindung mit einem Friseursalon. Mike – er hat eine leichte Ähnlichkeit mit Robert De Niro – und seine Kollegen verpassen Ihnen die coolsten New Yorker Frisuren. Dabei lassen sie Ihnen genügend Geld in der Tasche, damit Sie sich anschließend noch das passende Outfit leisten können.

⑯ CORNER BISTRO

331 W 4th St.
www.cornerbistrony.com
🕒 Mo–Sa 11–16 Uhr, So 12–16 Uhr.

Der äußere Rahmen ist nichts wert, aber die Hamburger sind spitze!

⑰ MAGNOLIA BAKERY

401 Bleecker St. zwischen Perry St. und W 11th St.
www.magnoliabakery.com
🕒 Mo–Do 9–23.30 Uhr, Fr und Sa 9–0.30 Uhr, So 9–23.30 Uhr.

Herzlich willkommen im *cupcake paradise* »Magnolia Bakery«, wo alles hausgemacht ist. Auswahl und Qualität haben schon so manche Großmutter eifersüchtig und depressiv gemacht. Vorsicht! Man kann nicht verhindern, dass einem das Wasser im Mund zusammenläuft und jedes Küchlein, auf das dann Speichel tropft, muss bezahlt werden!

⑱ BOBO

181 W 10th Street, Ecke 7th Ave.
www.bobonyc.com
🕒 Mo–Do 18–23 Uhr, Fr bis 24 Uhr, Sa 11–15 und 18–24 Uhr, So bis 22 Uhr.

Ein kleines, unauffälliges, aber unumgängliches Restaurant mit dem einladendsten Innenhof, den man sich denken kann. Nichts Exotisches, aber authentische und leckere Gerichte. Fügen Sie einen herzlichen Empfang (für die Gäste wie für die Brieftasche) hinzu, und das Bild ist komplett.

⓳ THE STONEWALL INN

53 Christopher St. zwischen 7th Ave. und Waverly

www.thestonewallinnnyc.com

Mo–So 14–4 Uhr.

Hier brachen 1969 die Stonewall-Unruhen aus, bei denen es zwischen der Polizei und Schwulen, die für Gleichberechtigung kämpften, zu gewalttätigen Auseinandersetzungen kam. Ein Jahr später wurde »The Stonewall« zum Schauplatz der ersten Gay-Pride-Umzüge der Welt. Jeden Montagabend findet hier ein Bingo der Dragqueens statt. Spülen Sie die derben Scherze mit dem Alkohol hinunter, den Sie gewinnen. *»I'm sure you'll have a gay old time!«*

⓴ THE GARRET

7th Ave. und Barrow St.

www.garretnyc.com

Mo–Mi 17–1 Uhr, Do und Fr 17–2 Uhr, Sa 12–2 Uhr, So 12–1 Uhr.

Das »Garret« ist ein Mittelding zwischen Sportbar und *Speakeasy*. Früher war es eine Sportbar mit Fernsehschirmen an der Wand. Heute ist es ein Cocktail-Salon, einen Fernsehschirm gibt es aber immer noch. Der ideale Platz also für den vornehmen Sportliebhaber, der sich sechs Wodka-Martini genehmigt, bevor er den Schiedsrichter wegen Voreingenommenheit beschimpft. Das »Garret« befindet sich über dem Fastfood »Five Guys«. Leicht zu finden, wenn man sich auskennt.

㉑ JOE'S PIZZA

7 Carmine St. zwischen Bleecker und 6th Ave.

www.joespizzanyc.com

Mo–Sa 10–4.30 Uhr, So bis 4 Uhr.

Eine weitere Pizzeria, die sich einbildet, »die beste Pizza New Yorks« anzubieten. Überzeugt davon ist offenbar der zweifache Oscar-Gewinner Kevin Spacey, der hier regelmäßig vorbeikommt, wie die Fotos an den Wänden bezeugen. Bei einer Pizza für 3,50 Dollar pro *slice* (Stück) kann man keine Wunder erwarten. Begnügen wir uns also mit einem schnellen Imbiss und einem Darsteller, der Lust hatte, sich ein Häppchen zu gönnen, nachdem er seinem Namen alle Ehre gemacht und die »Golden Space Needle« als bester Schauspieler bekommen hat.

㉒ MONTE'S TRATTORIA

97 MacDougal St. zwischen Minetta und Bleecker

www.montestrattorianyc.com

So–Do 12–23 Uhr, Fr/Sa 12–23.30 Uhr.

In dieses italienische Restaurant hat Joey aus der Sitcom »Friends« seine Eroberungen eingeladen. Auf der Speisekarte finden sich keine kulinarischen Meisterleistungen, dafür die italienischen Klassiker. Und das schon seit 1918.

㉓ MAMOUN'S FALAFEL

119 MacDougal St. zwischen W 3rd und Minetta

www.mamouns.com

Mo–So 11–5 Uhr.

Im Studentenviertel gibt es preiswerte kleine Restaurants wie Sand am Meer. »Mamoun's Falafel« beispielsweise, wo ein köstliches Falafel-Sandwich nur 2,50 Dollar kostet. Sie lieben Herausforderungen und Speisen, die höllisch brennen? »Mamoun's« ist bekannt für seine höllisch scharfe *hot sauce*. Am besten tröpfchenweise probieren und auf eigene Gefahr.

㉔ OTTO ENOTECA E PIZZERIA

15th Ave.

www.ottopizzeria.com

Mo–So 11.30–24 Uhr.

Mario Batali ist ein berühmter Koch und eine TV-Persönlichkeit, der eine Reihe italienischer Restaurants in Hongkong, Singapur, New York und sonstwo besitzt. Für New Yorker Verhältnisse ist das »Otto« im West Village ziemlich groß. Kombinieren Sie diese Größe mit vernünftigen Preisen und einer ebensolchen Qualität, und Sie erhalten eine interessante Option für Mahlzeiten in einer größeren Gruppe.

25 WASHINGTON SQUARE PARK

5th Ave., Waverly Pl., W. 4 St. und MacDougal St.

www.nycgovparks.org

Kein Park verdient die Bezeichnung »lebhaft« mehr als der Washington Square Park. Dieser ehemalige Friedhof hat nichts von einem »Still-Leben« an sich. Zu verdanken ist dies den zahlreichen Kunst-, Theater-, Tanz- oder Musikstudenten der NYU (New York University), die hierher strömen und gelegentlich sogar ihr Keyboard oder Schlagzeug mitbringen. Sie können auch die Tauben füttern, sich im Brunnen abkühlen oder mit Obdachlosen Schach spielen, die Sie für ein paar Dollar herausfordern.

26 TISCH SCHOOL OF ARTS

721 Broadway

tisch.nyu.edu

Sollten Sie von einer Karriere am Broadway träumen, finden Sie hier die passende Ausbildung. Woody Allen, Martin Scorsese, Alec Baldwin, James Franco, Whoopi Goldberg ... sind diesen Weg vor Ihnen gegangen.

27 GRACE CHURCH

802 Broadway und E 10th St.

www.gracechurchnyc.org

◷ Mo–So 12–17 Uhr.

Eine neugotische Kirche, die über 200 Jahre alt ist. Zu verdanken ist sie James Renwick Jr., der auch der Baumeister der St. Patrick's Cathedral an der 5th Avenue war. Warum nicht vorbeugend hier beichten, bevor Sie es sich in den folgenden Lokalen gut gehen lassen?

28 MCSORLEY'S OLD ALE HOUSE

15 E 7th St. zwischen 2nd Ave. und Cooper Square

www.mcsorleysnewyork.com

◷ Mo–Sa 11–1 Uhr, So 13–1 Uhr.

Historisch! Wie sonst sollte man eine Taverne bezeichnen, die von Abraham Lincoln höchstpersönlich frequentiert wurde? Verändert hat sich dort seit über hundert Jahren nichts. Sogar die »Glücksknochen«, die Soldaten im Ersten Weltkrieg an die Lampe gehängt haben, sind noch da. Genau wie die Handschellen des Zauberkünstlers Harry Houdini auf der Theke. Bis sich der Oberste Gerichtshof 1970 einmischte, waren Frauen hier nicht willkommen. Angefangen bei der Inhaberin! Das Bier ist hier schnell ausgesucht, denn es gibt nur zwei Optionen: hell oder dunkel. Prost!

29 PDT (PLEASE DON'T TELL)

113 St. Marks Pl.

www.pdtnyc.com

◷ So–Do 18–2 Uhr, Fr–Sa 18–3 Uhr.

Eine gute Adresse für Hotdogs und Cocktails, je nach Tageszeit. Der Weg in die Cocktailbar muss jedoch unbedingt über die Telefonkabine erfolgen. Nutzen Sie die Gelegenheit, um Ihre Lieben zu informieren, dass Sie sich etwas verspäten werden.

30 DEATH & COMPANY

433 E 6th St. zwischen Ave. A und 1st Ave.

www.deathandcompany.com

◷ So–Do 18–1 Uhr, Fr/Sa 18–2 Uhr.

Auch hier fängt die Party erst abends an. Die coole Atmosphäre und die anachronistische Kulisse tragen zum Erfolg dieses berühmten *Speakeasy* bei. Leider ist das Platzangebot begrenzt. Daher frühzeitig kommen oder sich mit Geduld wappnen.

ON WILLIAMS

TITAN

Danny

HEISSES ESSEN, KALTE FÜSSE

Der Brite Danny Boome ist nicht nur ein Top-Küchenchef und Fernsehkoch, sondern auch ein liebenswerter Typ, umgänglich und ehrgeizig. Vor mehr als zehn Jahren hat er sein Hauptquartier in New York aufgeschlagen. Er bringt sein Fachwissen bei verschiedenen amerikanischen und kanadischen Kochsendungen ein, und sein Insiderwissen über die kulinarische Welt New Yorks sucht seinesgleichen.

Wegen seiner Vorliebe für die belgische Küche hat er das »Petite Abeille« häufig besucht, wo wir uns stundenlang mögliche *food tours* durch die Stadt überlegt haben. Er hat mich immer wieder gedrängt, neue Restaurants auszuprobieren, und zauberte häufig neue und überraschende Adressen aus dem Hut. Ihm verdanke ich, dass ich von Anfang an wusste, in welchen Restaurants ich für meine Kunden reservieren konnte. Ob für ein üppiges Geschäftsessen, eine Geburtstagsfeier in einem gemütlichen Restaurant oder ein romantisches Abendessen ... New York bietet tausend Optionen für jede Gelegenheit. Im Interesse meiner Kunden ist es natürlich erforderlich, dass ich jede einzelne zuvor teste ...

Danny verdanke ich zudem meine Einführung in das Ritual des Superbowls. Vor ein paar Jahren hat er mich zu einer Party eingeladen, die in SoHo zu Ehren des Hochamtes des American Football ausgerichtet wurde (oder war es doch Handball?). In einem Luxusappartement eines guten Freundes von ihm lief alles der Tradition gemäß ab: Jemand stellt sein Haus zur Verfügung, und die Gäste kommen mit großen Mengen Essen und Getränken. Danny war ein geschätzter Gast ... vor allem auch wegen seiner Kochkünste. Ich habe Bier mitgebracht.

Wir sind so gute Freunde geworden, dass er mich zu seiner Hochzeit eingeladen hat. Die Feier wurde, entsprechend den Regeln der familiären Dramaturgie, kurz vor der Zeremonie abgesagt. Ich erfuhr von dieser überraschenden Wende telefonisch, und Danny flehte mich an, seine Familie, die eigens aus dem Vereinigten Königreich zu seiner Hochzeit angereist war, zu empfangen und durch die Stadt zu führen. Ich sollte ihnen ein Ersatzprogramm bieten. Ein Stadtführer kann eben zu allen möglichen Tätigkeiten herangezogen werden ...

In der Folgezeit sind wir oft zusammen ausgegangen, denn er wollte auf andere Gedanken und wieder in die Spur kommen. Glaubt man der Statistik, kommen in meinem Viertel – der Upper East Side – zwei Frauen auf einen Mann (klammert man einmal die in New York relativ große Gruppe der

Homosexuellen aus, kann man sogar von drei Frauen auf einen Mann sprechen), also dauert es nicht lange, jemanden zu finden. Vielleicht sogar zu kurz. Drei Monate später erfuhr Danny, dass ihm noch sechs Monate blieben, sich auf die Vaterrolle vorzubereiten. Diese völlig unerwartete Entdeckung trieb ihn wieder zurück in den Schoß seiner Familie. Eine noch immer bestehende Familie übrigens. Das Leben steckt entschieden voller Überraschungen ...

Tipps von Danny

BABBO RISTORANTE E ENOTECA

110 Waverly Place zwischen McDougal St. und 6th Ave.

www.babbonyc.com

Das italienische Restaurant »Babbo«, das sich mit einem Michelin-Stern schmücken kann, befindet sich direkt neben dem Washington Square Park. Es schenkt seinen Gästen eine ausgezeichnete italienische Küche, deren Zutaten zum Großteil direkt aus Italien kommen. Nehmen Sie das Wort »schenkt« jedoch nicht wörtlich: Bei einem Michelin-Stern sollte man sich über die Höhe der Rechnung keinen Illusionen hingeben. Qualität hat ihren Preis, und Ihre Geschmackspapillen werden keinen Grund zur Klage haben. Unbedingt reservieren!

BLUE RIBBON BAKERY

35 Downing St.

www.blueribbonrestaurants.com

Lust auf einen Brunch, der diesen Namen auch verdient? Dann einfach beim »Blue Ribbon« anklopfen (soll heißen: reservieren). Die Restaurants genießen einen ausgezeichneten Ruf, und das Lokal im West Village ist der Knüller. Das köstliche, frisch gebackene Brot zählt zu den Trümpfen, noch dazu, wo gutes Brot in New York schwer zu finden ist. Wenn Sie Brot mitnehmen möchten, können Sie es auf der gegenüberliegenden Straßenseite sogar im »Blue Ribbon Bakery Market« kaufen.

Tipp von Patrick

ROCKWOOD

196 Allan St. zwischen Houston und Stanton
www.rockwoodmusichall.com

Seit ich zusammen mit Danny das »Rockwood« besucht habe, gehört diese Music Hall der Lower East Side zu meinen Favoriten. Täglich kann man dort auf drei verschiedenen Bühnen geile Livemusik hören. Ich hatte die Ehre, dort ein Konzert der Soul-Sängerin Selah zu erleben. Einige Veranstaltungen kosten Eintritt, der Preis ist aber immer vernünftig, was übrigens auch für die Getränkepreise gilt. Jeder Musikfreund ist es sich schuldig, diese *Music Hall* zu besuchen.

Pizza essen in New York

Wer schon einmal in Italien war, wird sich fragen, woher New York die Dreistigkeit nimmt, sich selbst als *die* Stadt der Pizza zu bezeichnen. Äußern Sie diese Frage jedoch nicht laut, denn die New Yorker nehmen diesen Ruf sehr ernst. Im Übrigen muss man auch zugeben: Es gibt hier tatsächlich leckere Pizza. Es ist obligatorisch, sie aus der Hand zu essen. Als Bill de Blasio, gerade neuer Bürgermeister von New York geworden, es sich erlaubte, in einem Restaurant mit Messer und Gabel Pizza zu essen, hat sich die Presse tagelang darüber lustig gemacht!

TWO BOOTS PIZZA

(an verschiedenen Standorten, darunter am Grand Central)
www.twoboots.com

Zweifellos meine Lieblingspizzeria. Eine gelungene Kombination aus Cajun- (aus dem Süden von Louisiana) und italienischer Küche. Es gibt mehrere Filialen in New York, von denen jede ihre Spezialität hat. Außerdem gibt es dort leckere Pizza zu normalen Preisen und *by the slice*, wie sich das für New York gehört.

ROBERTA'S PIZZA

261 Moore St., zwischen White St. und Bogart St., East Williamsburg/Bushwick, Brooklyn
www.robertaspizza.com

Für eine Hipster-Pizza gibt es nur diese eine Adresse: »Roberta's« in Bushwick. Ein Blick auf die Kundschaft genügt, um Sie davon zu überzeugen, dass Sie sich in Brooklyn befinden. Die Pizza ist göttlich, die Atmosphäre hingegen etwas frostig. Unbestrittener Star ist die Pizza mit Honig und Chili.

99 CENT PIZZA

Überall in der Stadt

Feinschmeckermäßig keine Offenbarung, aber ein schneller und preiswerter Imbiss. Vor allem in einer so teuren Stadt wie New York. Man findet diese Pizzerias praktisch überall, in den Studentenvierteln schieben sie jedoch Überstunden. Ideal für alle, die auf die Schnelle ein Häppchen essen möchten.

Street Meat

Imbisswagen gehören zum Alltag. Diese *food trucks* sind ungefährlich und gehören ganz einfach zur *New York experience*. Kein Grund also, um Halal Guys, Big Gay Ice Cream Truck oder Wafels&Dinges einen Bogen zu machen. Achtung, es geht natürlich nicht, hier eine Waffel ohne Beilage zu essen: Erdbeeren, Bananen und Nüsse, Spekulatiusteig, Vanilleeis mit Crème fraîche, Schokolade, Nutella, Sirup und Zucker. Abschluss einer Krankenversicherung optional, der siebte Himmel garantiert.

Vorsicht jedoch bei Mini-Snacks in Wind und Wetter. Gegen eine Brezel oder einen Hotdog ist nichts einzuwenden, da riskieren Sie nicht viel. Hühnchen und sonstiges Fleisch jedoch sind oft unzureichend gegart, hier drohen Salmonellen. Sie möchten ein Getränk kaufen, insbesondere eine Flasche Wasser? Überprüfen Sie, dass der Verschluss intakt ist oder entscheiden Sie sich eher für eine hygienischere Dose.

SMALL CARTS, BIG BUSINESS

So bescheiden manche Imbisskarren auch sind, so wenig bescheiden sind die Summen, die für einen entsprechenden Stellplatz hingeblättert werden müssen. Das teuerste Viertel für das Aufstellen eines solchen *food cart* grenzt an den Central Park. Um an der Ecke Fifth Avenue und East 62nd Hotdogs verkaufen zu dürfen, werden jährlich 289 500 Dollar fällig. Da die Stellplätze versteigert werden, setzt ein solcher Preis voraus, dass diese Buden bei einem Hotdog- Preis von 2 Dollar jährlich von 144 750 Hotdog-Fans aufgesucht werden ... mindestens! Es ist dennoch eine ordentliche Stange Geld.

YELP gegen Michelin

Auch wenn der berühmte Michelin-Stern nichts von seinem Prestige verloren hat, ändern sich die Zeiten und die Restaurantkritiker. Heute verteilen Internetseiten wie YELP, Zagat und Tripadvisor ebenfalls Sterne. Vor allem vermitteln Sie dank ihrer Nutzer in der Regel eine genauere Vorstellung von dem, was einen in einem Restaurant oder Café erwartet. Die Informationen sind auch aktueller und die Auswahl größer. In New York dienen diese Internetinformationen sehr viel mehr als anderswo als Empfehlung für die Wahl eines Lokals. Das geht soweit, dass ein paar gute oder schlechte Kritiken ausreichen, um innerhalb kürzester Zeit die Beliebtheit eines Restaurants anzukurbeln oder es zu vernichten. In meiner Funktion als Stadtführer empfehle ich meinen Kunden immer, die Gastronomie-Seiten regelmäßig zu studieren und die letzten lobenden oder kritischen Erfahrungsberichte über Lokale zu lesen, in denen sie zu essen beabsichtigen. Gut informiert zu sein, kann sich auszahlen!

www.yelp.com – www.zagat.com – www.tripadvisor.com

Yvette

KATER-KEKSE

In New York nimmt die Kaffeekultur gewaltige Ausmaße an. Hier können Sie sich Ihre Koffeindosis praktisch an jeder Straßenecke holen. Nicht umsonst besitzt Starbucks hier mehr Filialen als McDonald's (wo es im Übrigen auch Kaffee gibt). Ohne dabei noch Ketten wie Dunkin' Donuts, 7/11 etc. zu berücksichtigen. Und obendrein gibt es eine ganze Reihe kleiner, unwiderstehlicher Cafés, die nach Aussage der New Yorker die Einzigen sind, die wirklich guten Kaffee anbieten. Damit kommen wir zu Yvette, der Chefin des winzigen »Panade Puffs« in meiner früheren Wohnstraße in Chinatown. Sie alleine ist für meine Kaffeeabhängigkeit verantwortlich. Bevor ich in New York lebte, trank ich keinen Tropfen. Heute bin ich süchtig!

Yvette bereitet einen köstlichen Kaffee und das entsprechende Gebäck zu. Die Hipster der Gegend sind wild danach. Ihr »**Panade Puffs**« ist immer randvoll mit jungen kreativen Künstlern, die in diesem Quartier leben, weil sie (wie ich damals) am Hungertuch nagen. Yvettes Geschäfte gehen gut. Vor einiger Zeit hatte sie sogar die Möglichkeit, in ein größeres Lokal auf der anderen Straßenseite umzuziehen. Darüber war sie umso glücklicher, als sie damit den *happy endings* im benachbarten Massagesalon entkommen war, die man bis zu ihr herüber hören konnte.

Diese Entwicklung war jedoch nicht von Dauer. Unstimmigkeiten mit dem Hausbesitzer haben sie schließlich gezwungen, wieder in ihr früheres Lokal zurückzukehren. Das Leben in New York ist hart. Und noch härter ist es für eine Geschäftsfrau.

Nun wieder am Ausgangspunkt angelangt, arbeitet Yvette weiterhin an sechs von sieben Tagen von 6 Uhr morgens bis 20 Uhr. Noch immer bringe ich ihr regelmäßig Gäste, denen ich gerne ihre *hangover cookies* empfehle. (Wegen ihres hohen Salzgehalts sind sie sehr wirksam gegen einen Brummschädel.) Und natürlich ihren Kaffee.

Tipp von Yvette

ATTABOY

134 Eldridge St. zwischen Broome & Delancey im Quartier Lower East Side

Diese versteckte Bar oder *Speakeasy* beherbergt bemerkenswerte *mixologists* (so nennt man hier die Cocktailkünstler). Sie sind ebenso außergewöhnlich wie ihre Getränke. Die Bar ist einen Katzensprung vom »**Panade Puffs**« entfernt, wo sich die Barkeeper regelmäßig mit Kaffee versorgen. So kam es auch, dass wir diese Cocktailbar entdeckten. Unbedingt ausprobieren, wenn Sie originale Cocktails lieben.

Verrückt nach Cronuts

Es brauchte zwei Monate und zehn verschiedene Rezepte, um den Cronut zu perfektionieren. Der Cronut (inzwischen patentiert) entstand aus der gegenseitigen Befruchtung zwischen einem Croissant und einem Donut und ist das Werk des New Yorkers Dominique Ansel. Innerhalb kürzester Zeit ist er überaus beliebt geworden und hat seine Fans in aller Welt. Oft nachgeahmt, aber nie erreicht: Der einzige echte Cronut ist die exklusive Spezialität der Dominique Ansel Bakery, Spring Street, SoHo.

Dominique Ansel Bakery
189 Spring St., Soho
www.dominiqueansel.com

Um in den Genuss dieses Meisterwerks zu kommen, heißt es allerdings früh aufstehen. Die Bäckerei kann pro Tag nur eine begrenzte Menge produzieren, und die Fans stehen manchmal zwei Stunden an, um welche zu ergattern (pro Person werden nur zwei Stück verkauft). Ich schwöre: Die Cronuts haben mich gezwungen, morgens um halb fünf Uhr aufzustehen. Ich wollte meine Neugier um jeden Preis befriedigen. Genauer gesagt für 5 Dollar pro Stück zuzüglich jeder Menge Geduld. Allerdings hat die Unterversorgung einen Schwarzmarkt entstehen lassen, auf dem ein Cronut bis zu 100 Dollar kosten kann. Unnötig zu sagen, dass man komplett verrückt sein muss, um eine solche Summe dafür auszugeben. Noch dazu, wo so ein Cronut zwar nicht schlecht schmeckt. Aber soviel Gedöns darum ...

Breakfast in New York

ESS-A-BAGEL

Nichts Typischeres für New York als ein leckerer Bagel. Dieser *roll-with-a-hole* kennt zahllose Varianten: mit Mohn oder Sesam, aus Mehrkornmehl, Roggen oder Vollkorn, getoastet oder nicht etc. Die überaus beliebte Bäckerei »Ess-a-bagel« bietet eine große Auswahl an Produkten und Preisen. Wie wäre es beispielsweise für einen guten Start in den Tag mit einem getoasteten und handgeformten Bagel, belegt mit Räucherlachs, geschmolzenem Käse, Tomaten und Silberzwiebeln?

MAISON KAISER

Der Name lässt sofort an französische Ursprünge denken. Die »Maison Kaiser« stammt tatsächlich aus Paris. Wenn Sie in der Upper East Side unterwegs sind, sollten Sie sich hier ein Frühstück gönnen, nachdem man sich sämtliche Finger abschleckt, mit weich gekochtem Ei, Croissants und Baguette. Wenn Sie die Gebäckauswahl gesehen haben, werden Sie nicht widerstehen können.

Kaffee in New York

Wenn morgen alle Kaffeeplantagen vernichtet würden, käme das Leben in New York zum Stillstand. Die New Yorker trinken sechsmal mehr Kaffee als die Bewohner aller anderen Städte weltweit und mindestens dreimal mehr als die Durchschnittsamerikaner. 2013 haben mehr als 100 000 New Yorker an »The World's Largest Coffee Break« teilgenommen. Schlecht für die amerikanische Wirtschaft, ausgezeichnet für die kolumbianische.

PANADE PUFFS & PASTRIES

129 Eldridge St. zwischen Broome und Delancey
www.panade.com

Der verflixte Ort, an dem meine Abhängigkeit begann. Der Kaffee und die *puffs* (Müsli oder Gebäck aus Puffweizen) sind hier einfach köstlich und der Preis normal. Bitte grüßen Sie unbedingt Yvette von mir!

ROASTING PLANT

81 Orchard St. (und mehrere weitere Adressen)
www.roastingplant.com

Hier fliegen einem die Kaffeebohnen dank des genialen Java-Bot-Systems wortwörtlich um die Ohren. Diese Kaffeemaschine, die den gesamten Geschäftsraum einnimmt, braucht nur 30 Sekunden, um die Mischung Ihrer Wahl zu mahlen und aufzubrühen. Frischer geht's nicht!

HAPPY BONES

394 Broome St.
www.happybonesnyc.com

Hier gehen Kaffee und Ideologie Hand in Hand. Soweit als möglich arbeitet »Happy Bones« direkt mit kleinen Kaffeefarmern und recycelt alles, was nur geht. Ein Teil des Gewinns ist für einen wohltätigen Zweck. Ökologischer, ethischer und solidarischer Kaffee mit hervorragendem Geschmack? Nutzen Sie die Gelegenheit!

Enjoy
coffee
hang
cooki

y the
e and
over
ies.

YVETTE

* Genießen Sie Kaffee und Kater-Kekse.

Bruce

NÄCHSTE HALTESTELLE: MOND

Bruce ist ein echter *Selfmademan* und eine gute Seele obendrein. Er hat sein Glück mit Technologie gemacht und tut dies gerne kund. Wenn er Businessplätze im Yankee Stadium hat, lädt er mich oft ein, ihn zu begleiten. Dasselbe gilt für die Basketball-Play-offs im Madison Square Garden: Dank Bruce habe ich das Glück, sie aus der ersten Reihe zu verfolgen. Vor dem Match gehen wir oft auf einer Dachterrasse in der Nähe ein Gläschen trinken, bevor wir im Restaurant neben dem Madison Square Garden ein köstliches Steak essen. Von diesem Restaurant aus gibt es einen Zugang ins Stadion, ohne dass man sich mit den Fan-Horden herumärgern muss, die sich am Eingang drängen. Ein guter Tipp, den ich von einem Einheimischen bekommen habe.

Und hier noch ein weiterer Tipp: Wenn Sie sich vor den Augen dieser wohlgenährten Geschäftsleute nicht blamieren wollen, überprüfen Sie zuerst Ihren Kontostand. Weil Bruce mich zum Essen eingeladen hatte, habe ich voller Dankbarkeit und Sympathie verkündet, das Bier, das wir während des Spiels trinken würden, ginge auf meine Kosten. Leider ist das Bier aber in den VIP-Logen alles andere als preiswert. Und da diese Herren ganz schöne Schluckspechte sind, haben mich diese Runden so viel gekostet wie ein Businessplatz. Das nennt man aus Fehlern lernen. Aber sie wussten es zu schätzen, und ich für meinen Teil habe mich gut amüsiert!

Bruce liebt nur das Beste. Um sich davon zu überzeugen, muss man nur seine Anzüge, seine Wohnung, seine Zweitwohnung beschreiben ... und was er auf dem Teller hat. Es ist ihm passiert, in einem französischen Lokal 25 Dollar für drei Stückchen Käse zu bezahlen. Und er zählt zu den treuen Kunden (anders gesagt, zu den *big spenders*) von »The Palm«, einem der besten Steakhäuser der Stadt, wo ihm die Ehre zuteil wurde, zusammen mit verschiedenen Prominenten, Honoratioren und Stammgästen an der Wall of Fame karikiert zu werden. Bruce ist stolz, zu diesem sehr ausgewählten Club zu gehören. Denn in New York zahlt Erfolg sich aus. Und man spöttelt nicht, wie das teilweise bei uns der Fall ist, über Leute, die die Nase hoch tragen. Wer hier Erfolg hat, genießt Respekt.

Ich empfinde gegenüber Bruce große Dankbarkeit. Als Stadtführer helfe ich meinen Landsleuten und anderen Touristen täglich, etwas newyorkerisch zu werden. Was ich für sie tue, hat Bruce für mich getan. Er hat es auf sich genommen, mich in die amerikanische Kultur einzuführen. Er war es, der mir meine erste Baseballkappe geschenkt hat. In meiner Heimat würde ich nie eine tragen, hier ist sie mein Erkennungszeichen. Um ihr eine persönliche Note zu verleihen, habe ich ihr sogar einen kleinen heimischen Touch verpasst. In New York ist man einfach stolz auf seine Wurzeln.

Tipp von Bruce

THE PALM
837 2nd Ave.
www.thepalm.com
Dieses von einer italienischen Familie geführte Steakhouse hätte eigentlich nach ihrer Heimatstadt »The Parma« heißen sollen. Wegen ihres italienischen Akzents hat der Angestellte der Registrierungsbehörde sie jedoch falsch verstanden und aus »The Parma« wurde »The Palm«. Die Tradition der Karikaturen an den Wänden hat sich wie eine alternative Bezahlmethode für arme Künstler entwickelt, die zum Essen hierher kamen.

Die Sport-stadien in New York

YANKEE STADIUM

1 E 161st St., Bronx, NY 10451
newyork.yankees.mlb.com/nyy/ballpark

Mit 1,5 Milliarden Dollar ist das Heimatstadion der »New York Yankees« mit einer Ausnahme das teuerste Stadion der Welt. Am Ende jedes Spiels ertönt aus den Lautsprechern »*New York, New York*«. Bei einem Sieg der »Yankees« hallte früher die berühmte Interpretation von Frank Sinatra durchs Stadion, hatten die »Yankees« hingegen verloren, erklang die Originalversion von Liza Minelli. Nachdem Madame Minelli jedoch ihr Missfallen darüber geäußert hatte, wird inzwischen immer Sinatras Version gespielt.

FUN FACT
Über den Ursprung des Namens »Yankee« herrscht keine Einigkeit. Eine immer wieder geäußerte und denkbare Theorie deutet auf die Niederländer und deren Spitznamen »Jan-Kees« hin.

MADISON SQUARE GARDEN

4 Penn Plaza
www.thegarden.com

Dass uns der Name Madison Square Garden so vertraut ist, liegt daran, dass diese Mehrzweckarena – eine der am meisten besuchten der Welt – so viele Konzerte, Aufführungen und Sportveranstaltungen anbietet. Außerdem sind hier die »New York Rangers« (Eishockey) sowie die »New York Knicks« und »New York Liberty« (Basketball der Herren bzw. der Frauen) zu Hause. Seit 1968 befindet sich die Arena über der Pennsylvania Station (Kurzname Penn Station) zwischen der 31st und 33rd Street und der 7th und 8th Avenue. Sie liegt also nicht an der Madison Avenue, wie man aufgrund des Namens annehmen könnte. Das Stadion verdankt seinen Namen seinem ursprünglichen Standort auf dem Madison Square.

CITI FIELD

123-01 Roosevelt Ave., Flushing, Queens
newyork.mets.mlb.com/nym/ballpark

Citi Field (der Name kommt vom Finanzriesen Citigroup), Operationsbasis des New Yorker Baseball-Teams der »Mets«, befindet sich im Quartier Queens, direkt neben den Tennisplätzen der US Open. Eine Zeit lang waren die Ausmaße dieses eindrucksvollen Baus Ursache für sportlichen Ärger. Die hohe Mauer, die den Platz umgab, versperrte den Home Runs wortwörtlich den Weg, sodass die Mannschaft immer letzte wurde. Um die »Mets« aus dieser unangenehmen Lage zu befreien, wurde die Mauer um die Hälfte niedriger gemacht.

BARCLAYS CENTER
620 Atlantic Ave., Brooklyn
www.barclayscenter.com
Als Schlusspunkt einer wahren Saga erhebt sich das Barclays Center heute an der Atlantic Avenue in Brooklyn. Hausherren sind die »Brooklyn Nets«, auch wenn das Stadion nicht nur dem Basketball dient. 2012 konnte Jay-Z hier als erster Künstler auftreten. Die Tatsache, dass er in das Barclays Center investiert und zur Entwicklung des Logos beigetragen hat, war hierfür sicher nicht ohne Bedeutung.

METLIFE STADIUM
1 MetLife Stadium Dr., East Rutherford, NJ 07073
www.metlifestadium.com
Im MetLife Stadium, das sich tatsächlich in New Jersey befindet, tragen die »New York Jets« und die »New York Giants« auf dem Rasen des teuersten je erbauten Stadions regelmäßige Spiele im American Football aus. Für die schlappe Summe von 1,6 Milliarden Dollar stehen den Fans 80 000 Sitzplätze zur Verfügung. Beide Mannschaften teilen sich den Komplex, der nachts unterschiedlich beleuchtet wird: grün für die »Jets« und blau für die »Giants«.

SAISONS

NFL
AMERICAN-FOOTBALL-SAISON
SEPTEMBER – FEBRUAR

NBA
BASKETBALL-SAISON
OKTOBER – MAI

MAJOR LEAGUE
BASEBALL-SAISON
MÄRZ – SEPTEMBER

NHL
HOCKEY-SAISON
OKTOBER – JUNI

FUN FACT
Kein Wunder, dass der Sport in New York unerschwinglich ist! Mit einem Wert von einer Milliarde Dollar oder mehr konkurrieren alle Stadien um einen Platz unter den Top 10 der teuersten Stadien der Welt.

Mmmmm-burgers

Überall gibt es Hamburger. In allen Formen und Größen, wobei der Preis zwischen einem und ein paar hundert Dollar schwankt. Die besten? Auf diese Frage gibt es praktisch ebenso viele Antworten wie New Yorker. Hier einige Vorschläge.

© Peter Mauss

SHAKE SHACK

www.shakeshack.com

Unter den großen Ketten ist »Shake Shack« mit Abstand die beste Wahl. Die einstige Hotdog-Bude hat sich zu einer sehr beliebten Schnellrestaurantkette gemausert (den Namen verdankt sie ihren köstlichen Milchshakes), die den Ruf genießt, die leckersten Hamburger anzubieten. Obgleich »Shake Shack« inzwischen ein internationales Unternehmen mit einem Dutzend Lokalen in New York ist, befindet sich seine erste »Milchshake-Farm« noch immer im Madison Square Park, wo einmal alles begonnen hat. Leicht zu finden: Folgen Sie einfach der Schlange!

BAREBURGER

www.bareburger.com

Dieses Burger-Restaurant bemüht sich nach Kräften, nur biologische und natürliche Zutaten zu verarbeiten, und das schmeckt man! Hier stammt alles aus fairem Handel, ohne Pestizide und in Bio-Qualität. Zudem serviert »Bareburger« auch vegetarische und glutenarme Gerichte. Dies ergibt ein schmackhaftes Ergebnis und den wohlverdienten Ruf, gute Qualität zu bieten.

SPOTTED PIG

314 West 11th Street

www.thespottedpig.com

Trotz seiner gastfreundlichen und herzlichen Atmosphäre empfängt »The Spotted Pig« Prominente wie Bill Clinton, Jay-Z, Beyoncé, Michael Stipe oder Kanye West, die offenbar, wie alle anderen auch, schmackhaftes Essen zu günstigen Preisen schätzen. Ein gegrillter Hamburger auf einem hausgemachten Brötchen, garniert mit einem ausgezeichneten Roquefort, könnte Sie das reizen? Dann guten Appetit!

DURE SMAAK

»Serendipity 3«, ein Restaurant der Upper East Side, hatte sich vor einiger Zeit mit dem Burger Extravagant (mit Trüffel und essbarem Gold) für knapp 300 Dollar den Rekord des teuersten Hamburgers der Welt gesichert. Inzwischen hat der »Food Truck 666« dies jedoch mit dem Douche Burger überboten. Für den bescheidenen Preis von 666 Dollar enthält dieser Hamburger zusätzlich zu dem essbaren 24-Karat-Gold alle denkbaren Zutaten des großen Luxus: Gänseleber, Kaviar, Hummer, in Champagner geschmolzenen Käse und Himalayasalz. Das Ganze eingewickelt in echte 100-Dollar-Scheine. Bleibt zu prüfen, ob das schmeckt. Die Idee allein hat sich jedoch bereits ausgezahlt. Seit der Einführung des Douche Burger ist der Absatz normaler Hamburger im »Food Truck« (6,66 Dollar) spektakulär gestiegen.

Allison

UNTER EINEM DACH

In den ersten Wochen meines New Yorker Abenteuers wurde ich mit einer harten Realität konfrontiert. Zu den großen Sorgen jedes New Yorkers gehört es, eine bezahlbare Wohnung zu finden. Beengte Räumlichkeiten für viel Geld: So sieht die Norm aus. Für eine Einzimmerwohnung in Manhattan übersteigt die Durchschnittsmiete 2000 Dollar pro Monat. Um die Ausgaben zu reduzieren, sah ich mich gezwungen, ein Zimmer der Wohnung unterzuvermieten, die ich von meinem damaligen Arbeitgeber, Israel Katz, dem Inhaber des Restaurants »Jardin Bistro«, in SoHo gemietet hatte. So begegnete ich Allison. Nachdem sie auf meine Anzeige auf Craigslist geantwortet hatte, wurde sie meine erste *roommate* und Freundin in New York City.

Es hätte schlimmer kommen können. Ob es ein Vorgespräch gibt oder nicht, man weiß erst nach ein paar Wochen des gemeinsamen Wohnens, mit wem man seine Bude teilt. Das enge Zusammenleben, das durch die kleinen New Yorker Wohnungen unvermeidlich ist, kann schwer zu ertragen sein. So erinnere ich mich, als sei es gestern gewesen, wie ich beim Öffnen des Kühlschranks einen Teil von Allisons Garderobe vor mir sah. »Man muss jeden Winkel nutzen«, sagte sie, »mein Schrank ist zu klein.« Ihre Klamotten lagen sogar im Gefrierfach. Wie Allison sagte, werden Krankheitskeime durch die Kälte abgetötet, was ihr einen Gang in die Wäscherei spart. Sie kombinierte mit anderen Worten Platzgewinn, Hygiene und Geldersparnis. Wie hätte ich da protestieren können!

Abgesehen davon, dass Allison sich für mein Sozialleben als vorteilhaft erwies, war sie eine begabte Fotografin. Eines Tages bekam sie den Auftrag, die High Line fotografisch zu porträtieren, eine langgestreckte, originelle Grünanlage auf einer ehemaligen Hochbahntrasse durch das Quartier Chelsea. Auf der Südseite verläuft die Grünzone unterhalb des »Standard Hotels« mit komplett verglasten Fassaden, und die Fotos von Allison ließen keinen Zweifel: Die Spaziergänger auf der High Line mussten nur den Kopf heben, um etwas mehr über die Aktivitäten der Hotelgäste zu erfahren, was im prüden Amerika normalerweise unzulässig ist. Bald umwehte ein Hauch von Skandal das Hotel, das von exhibitionistisch veranlagten Pärchen geradezu gestürmt wurde. Heute entdecken Gäste, die im »Standard« absteigen, in ihrem Zimmer eine freundliche Aufforderung, ein Minimum an Diskretion zu wahren.

Tipp von Allison

B&H

420 9th Ave., Ecke West 34th St.

www.bhphotovideo.com

Für Käufe im Bereich Optische Elektronik sollten Sie keinesfalls die zahlreichen touristischen Läden am Times Square aufsuchen. In Fachgeschäften wie B&H finden Sie Qualität, Garantie und interessante Preise. Zudem lohnt dieser Laden, dessen Personal fast komplett aus orthodoxen Juden besteht, einen Umweg. Und wäre es nur, um das weitläufige Transportsystem zu bewundern, das an der Decke angebracht ist. Damit werden die Waren in Körben an die Kassen gebracht.

Wohnen in New York

Wer nicht scheffelweise Geld verdient, kann in New York praktisch gar nicht leben. Die Mietpreise sind ähnlich hoch wie die Wohnblöcke. Für eine Einzimmerwohnung in Midtown Manhattan werden locker 2500 Dollar pro Monat verlangt, während für eine Zweizimmerwohnung an die 4000 Dollar fällig werden. Kein Wunder also, dass die meisten New Yorker versuchen, ihre Kosten zu reduzieren, indem sie sich mit einem oder mehreren Mitbewohnern zusammentun. Die Suche nach einer annehmbaren Wohnung ist in dieser Stadt ein Abenteuer für sich. Und jeder hat ein paar Geschichten auf Lager von unbewohnbaren Bruchbuden, bekloppten Mitbewohnern und unmöglichen Nachbarn.

Eine kleine Wohnfläche bedeutet, dass man sich mit einer Miniküche begnügen (oder ohne auskommen) muss und dass kein Platz für eine Waschmaschine da ist. Aus diesem Grund kochen die New Yorker wenig, zumal Kochen nicht billiger ist, als irgendwo Gerichte zum Mitnehmen zu kaufen oder online etwas zu bestellen. Das Waschproblem wird durch Hunderte von Münzwaschsalons oder Gemeinschaftswaschküchen gelöst, die in vielen Wohnblöcken eingerichtet sind.

Wenn Sie beabsichtigen, in New York zu wohnen, sollten Sie sich auf diese Bedingungen vorbereiten. Luxus, ausreichend Platz und Ruhe bleiben hier den *happy few* vorbehalten, deren Einkünfte das Durchschnittseinkommen der Normalsterblichen bei Weitem übersteigen.

Craigslist

Craigslist(.org), in Europa sehr viel weniger bekannt, ist hier *die* Internetseite schlechthin für alle, die etwas suchen. Obgleich das Design aus den 90er-Jahren stammt, zieht die Seite in den Vereinigten Staaten jährlich rund 60 Millionen Besucher an, die auf der Suche nach einem Job, einem Zimmer oder einer Wohnung, Gütern, Dienstleistungen oder Partnern sind.

Anfangs hatte der Entwickler dieser Seite, Craig Newmark, nur den Wunsch, seine Freunde darüber auf dem Laufenden zu halten, was in und um San Francisco los war. Heute ist Craigslist nicht mehr wegzudenken, und jeder, der etwas sucht oder anzubieten hat, findet darin eine wertvolle Hilfe.

Tipp von Patrick

Mehr noch als Craigslist sind Internetseiten wie die von AirBnB unglaublich beliebt bei Leuten, die sich für einen vorübergehenden Aufenthalt interessieren. Auch wenn die modernen Methoden zahlreiche Vorteile haben, ist eine gewisse Vorsicht dennoch geboten. Ich hatte Kunden, für die es nicht so gut gelaufen ist. Beispielsweise weil sie eine Unterkunft reserviert haben, die es gar nicht gab, wie sich vor Ort herausstellte. Hüten Sie sich also, leichtfertig eine Anzahlung zu leisten!

194
STARBUCKS

Manhattan ist die einzige Stadt in den Vereinigten Staaten, in der es mehr Starbucks-Cafés als McDonald's gibt.

MCDONALD'S

SPAZIERGANG

3

ZWISCHEN YUPPIE UND HIPSTER

VON DOWNTOWN FIDI NACH WILLIAMSBURG

HUDSON RIVER
RIVER TERRACE
ROCKEFELLER PARK
BATTERY PARK CITY
WASHINGTON PARK
TRIBECA
WARREN ST
WEST ST
CHAMBERS ST
W BROADWAY
DUANE ST
CHURCH ST
LEONARD ST
WORTH ST
THOMAS ST
BROADWAY
CHAMBERS ST
CIVIC CENTER
READE ST
VESEY ST
CHAMBERS ST
PEARL ST
BARKLAY ST
CITY HALL
CITY HALL PARK
01
CHAMBERS ST
BROOKLYN BRIDGE / CITY HALL
PARK LANE
02
WORLD TRADE CENTER
PARK ROW
9/11 MEMORIAL
03
SOUTH END AVE
DEY ST
BROADWAY
SORUCE ST
BEEKAMN ST
ANN ST
CORTLAND ST
FULTON ST
FULTON ST
FULTON ST
LIBERTY ST
FULTON ST
GOLD ST
JOHN ST
PEARL ST
CEDAR ST
MAIDEN LN
04
LIBERTY ST
FULTON ST
TRINITY CHURCH
CLIFF ST
WEST ST
WALL ST
PINE ST
WILLIAM ST
BEEKMAN ST
RECTOR ST
TRINITY PLACE
WALL ST
GOLD ST
05
CEDAR ST
WALL ST
LITTLE W ST
WEST ST
BROADWAY
BROAD ST
PEARL ST
FLETCHER ST
BROAD ST
FINACIAL DISTRICT
MAIDEN LN
WASHINGTON ST
BEAVER ST
WATER ST
BOWLING GREEN
06
FRONT ST
BATTERY PLACE
BROADWAY
PEARL ST
BROAD ST
08
STONE ST
07
10
BRIDGE ST
OLD SLIP
BATTERY PARK
WATER ST
WHITEHALL ST
FRANKLIN D ROOSEVELT DRIVE
STATE ST
WHITEHALL ST
JEANELLE PARK
BROAD ST
11
SOUTH FERRY LOOP
09

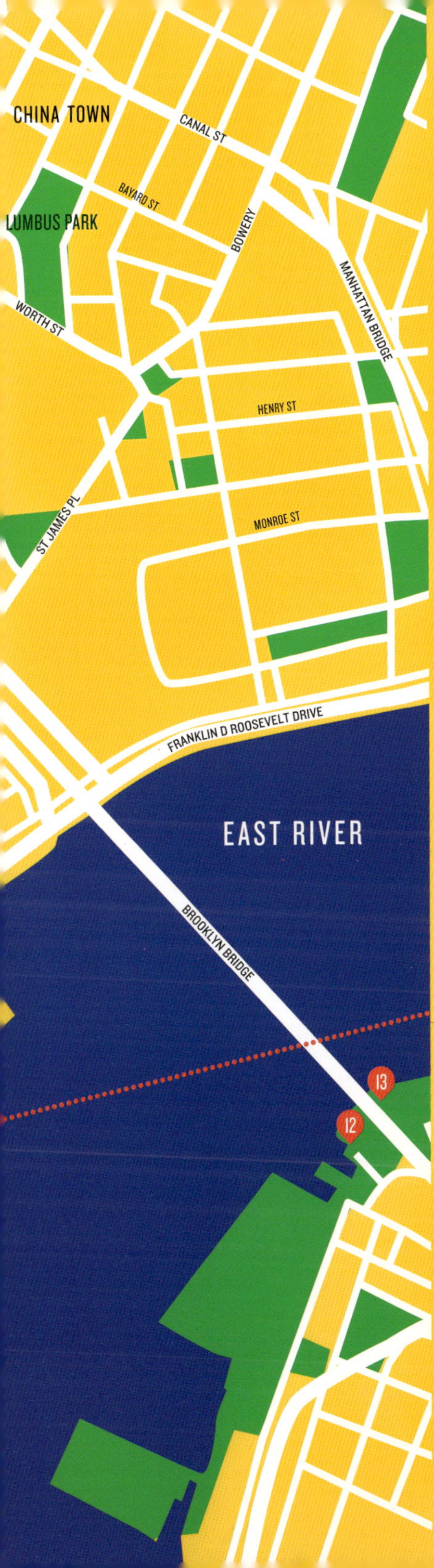

ZWISCHEN YUPPIE UND HIPSTER

VON DOWNTOWN FIDI NACH WILLIAMSBURG

4–5 STUNDEN | KARTE I

1. NEW YORK CITY HALL
2. THE WOOLWORTH BUILDING
3. THE SEPTEMBER 11 MEMORIAL
4. TRINITY CHURCH
5. NEW YORK STOCK EXCHANGE
6. THE CHARGING BULL
7. THE NATIONAL MUSEUM OF THE AMERICAN INDIAN
8. STONE STREET
9. STATEN ISLAND FERRY
10. PIER 11/WALL ST. HELINY
11. HELINY
12. THE RIVER CAFÉ
13. JANE'S CAROUSEL

FDR DRIVE
EAST RIVER
BUSHWICK INLET
KENT AVE
32
BUSCHWICK INLET PARK
WYTHE AVE
N 9TH ST
N 7TH ST
N 8TH ST
N 6TH ST
15
KENT AVE
N 5TH ST
27
BERRY ST
WYTHE AVE
25
26
28
RIVER ST
23
24
N 3RD ST
N 4TH ST
16
GRAND ST
S 1ST ST
W. SHERIDAN PLAYGROUND
KENT AVE
METROPOLITAN AVE
17
22
18
S 1ST ST
GRAND ST
BERRY ST
S 2ND ST
BEDFORD AVE
19
WYTHE AVE
S 4TH ST
S 3RD ST
DRIGGS AVE
HAVEMEYER ST
WILLIAMSBURG BRIDGE
20
BROADWAY
21
S 8TH ST
LA GUARDIA PLAYGROUND
WYTHE AVE
S 9TH ST
BEDFORD AVE
DRIGGS AVE
ROEBLING ST
BROADWAY
MARCY AVE
M
S 11TH ST
DIVISION AVE

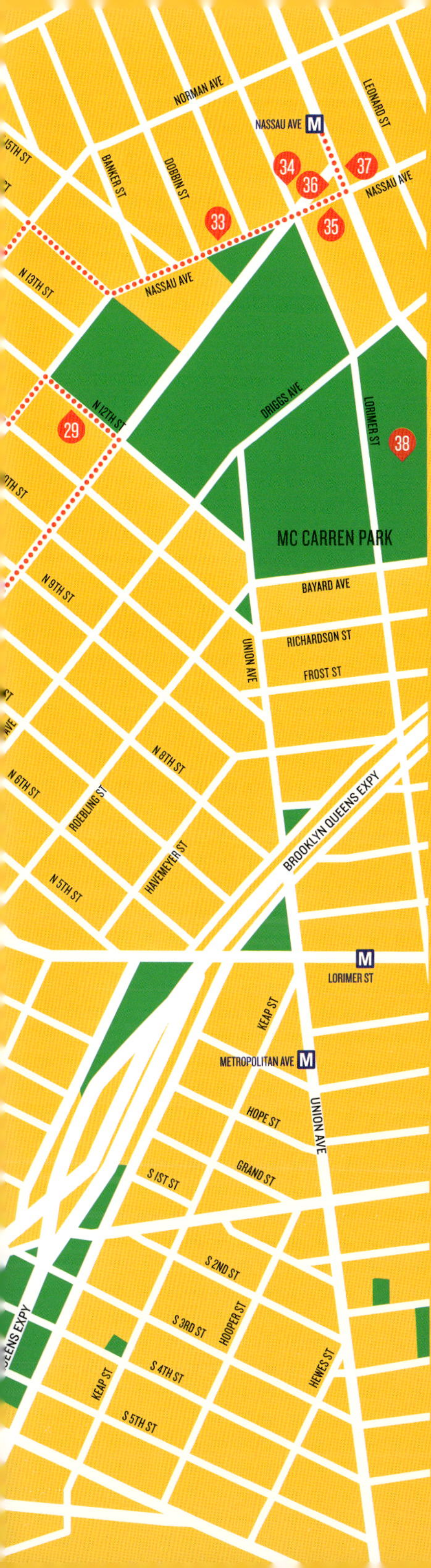

ZWISCHEN YUPPIE UND HIPSTER

VON DOWNTOWN FIDI NACH WILLIAMSBURG

KARTE 2

- 14 WALLABOUT BAY
- 15 FABBRICA
- 16 GRAND FERRY PARK
- 17 DOMINO SUGAR FACTORY
- 18 DEN
- 19 MISS FAVELA
- 20 MARLOW & SONS
- 21 PETER LUGER STEAK HOUSE
- 22 VIDEOLOGY
- 23 BROOKLYN ART LIBRARY -SKETCHBOOK PROJECT
- 24 MAST BROTHERS CHOCOLATE
- 25 BLUE BOTTLE COFFEE
- 26 CAPRICES BY SOPHIE
- 27 BAGELSMITH BEDFORD
- 28 MCCARREN HOTEL & POOL
- 29 BROOKLYN BREWERY
- 30 BROOKLYN BOWL
- 31 URBAN OUTFITTERS
- 32 WYTHE HOTEL
- 33 SPRITZENHAUS
- 34 FIVE LEAVES
- 35 LOREN CRONK
- 36 NIGHTS & WEEKENDS
- 37 MANHATTAN INN
- 38 MCCARREN PARK POOL

Auf diesem Spaziergang bringt das Schiff Sie von *Yuppie Central* nach *Hipsterville.* Und über drei monumentale Brücken gelangen Sie aus dem Universum der Börse und der Banken in die Welt kreativer *Concept Stores.* Sowohl der *Financial District* als auch der In-Stadtteil Williamsburg sind einmalige Viertel mit ausgeprägtem Charakter. Stellen Sie sich auf ein Multiabenteuer ein, das Ihre Augen, Ihre Zeit, Ihr Geld und Ihren Appetit auf eine harte Probe stellen wird.

1 NEW YORK CITY HALL

City Hall Park

www.nyc.gov

Mo–Fr 9–17 Uhr.

Ihr Spaziergang beginnt am Büro des Bürgermeisters. Ursprünglich war nur die vordere Fassade mit Marmor verkleidet, denn dieses Rathaus aus dem Jahr 1812 stand an der Grenze eines Stadtgebietes, dessen weitere Ausdehnung eigentlich nicht geplant war. Eine Fehlkalkulation! Das Gebäude ist zu klein geworden, und die Dienststellen der Stadtverwaltung sind auf der anderen Straßenseite in das riesige und majestätische Municipal Building, 1 Centre Street, umgezogen.

2 THE WOOLWORTH BUILDING

233 Broadway, zwischen Park Pl. und Barcaly St.

Vor hundert Jahren war diese »Cathedral of Commerce« mit ihren 241 Metern das höchste Gebäude der Welt. Franklin Woolworth erwarb dieses großartige Exemplar im neugotischen Stil für 13,4 Millionen Dollar. Er war ein Geschäftsmann, der sein Vermögen seinen *Five-and-Dime Stores* (Billigwarenhäusern) verdankte, in denen Haushaltsprodukte zu unschlagbar günstigen Preisen verkauft wurden.

3 THE SEPTEMBER 11 MEMORIAL

Zwischen Liberty St. und Fulton St., West St. und Greenwich St.

www.911memorial.org

Die Namen von annähernd 3000 Opfern der Attentate vom 11. September sind in die Kupferumrandung der beiden Wasserfälle eingraviert, dort, wo früher die *Twin Towers* standen. Die teuerste Gedenkstätte der Welt ist kostenlos zugänglich, für das Museum muss jedoch Eintritt bezahlt werden. Der *Survivor Tree* in der Grünanlage, der das Drama vom 11. September überlebt hat, symbolisiert die Widerstandskraft der Amerikaner.

4 TRINITY CHURCH

74 Trinity Pl., gegenüber der Wall St.

www.trinitywallstreet.org

Mo–Fr 7–18 Uhr, Sa 10–16 Uhr, So 7–16 Uhr.

Die erste Kirche wurde durch ein Feuer vernichtet, die zweite stürzte ein ... Die Dreieinigkeitskirche hat sich ihren Namen wohl verdient! Zu der Zeit, als das reichste religiöse Bauwerk Manhattans die Stadt noch überragte, diente es auch als Leuchtturm.

5 NEW YORK STOCK EXCHANGE

11 Wall St.

www.nyse.com

Trotz der zahlreichen Börsenkrachs und Krisen, die die Börse hinter sich hat, sieht sie noch immer gut aus. Leider sind hier seit dem 11. September Besucher nicht mehr zugelassen.

6 THE CHARGING BULL

Broadway, auf Höhe des Bowling Green

www.chargingbull.com

Als Reaktion auf die Börsenkrise der 80er-Jahre wurde der Wall-Street-Stier (auch »Stürmender Bulle« genannt) von Arturo Di Modica des Nachts als Weihnachtsgeschenk für New York vor der Börse abgestellt. Dieses 3,5 Tonnen schwere, gut gebaute Bronzetier beweist, dass nicht alles Gold ist, was glänzt. Was die Touristenmassen nicht davon abhält, ihr Glück zu versuchen.

7 THE NATIONAL MUSEUM OF THE AMERICAN INDIAN

1 Bowling Green

nmai.si.edu

Mo–Mi und Fr–So 10–17 Uhr, Do 10–20 Uhr.

Hier dreht sich alles um die Ureinwohner des Landes. Machen Sie sich also auf eine Entdeckung gefasst, Sie werden Bauklötze staunen! Übrigens kostenlos.

8 STONE STREET

Zwischen S William St. und Pearl St.

Um 16 Uhr entlassen die Türme im Finanzviertel Scharen von Angestellten. Viele steuern die Stone Street an, eine kleine, malerische gepflasterte Straße. Der ideale Ort, um nach der Arbeit endlose Diskussionen zu führen, Sportereignisse zu verfolgen oder einfach nur ein Gläschen zu trinken und abzuschalten.

9 STATEN ISLAND FERRY

Peter Minuit Plaza, Whitehall St.

www.siferry.com

Tgl. rund um die Uhr. Halbstündlich, nachts stündlich Mo–Fr zu den Hauptverkehrszeiten alle 20 Minuten, zu den Stoßzeiten alle 15 Minuten.

Die Nutzung der Fähre zum abgelegenen Stadtbezirk Staten Island ist ebenfalls kostenlos (am Ende werden Sie noch glauben, New York sei preiswert!). Bei der Ankunft sieht man nichts Großartiges, aber auf der Fahrt kann man die Freiheitsstatue und die Skyline von Downtown Manhattan bewundern. Bei guter Zeitplanung erfolgt die Rückfahrt in der Dunkelheit, und Sie können dasselbe Panorama *by night* genießen.

10 PIER 11/WALL ST. HELINY

East River Ferry

www.eastriverferry.com

Mo–Fr halbstündlich, zu den Stoßzeiten alle 20 Minuten, Sa/So alle 45 Minuten. Informieren Sie sich auf der Website, die Abfahrtzeiten variieren.

11 HELINY

Heliport Pier 6

www.heliny.com

Tgl. 9–17 Uhr.

Hier können Sie sich entweder für den Heliport und einen traumhaften Flug über New York entscheiden oder für den Schiffsanleger und eine atemberaubende Schiffsrundfahrt in Manhattan. Zur Fortsetzung des Spaziergangs nehmen Sie die East River Ferry am Pier 11 Richtung Midtown und steigen in Williamsburg North aus.

12 THE RIVER CAFÉ

1 Water St.

www.rivercafe.com

Tgl. 17.30–24 Uhr.

Der erste Halt des Schiffstaxis ist Dumbo: das Viertel in Brooklyn, das zwischen Manhattan Bridge und Brooklyn Bridge eingezwängt liegt. Der Lastkahn, auf dem sich das »River Café« befindet, hat am Bootsanleger festgemacht und versteht es, die Geschmacksnerven zu bezaubern. Und sollte Ihr *date* doch anders aussehen als auf den Fotos, können Sie immer noch den Blick auf das unvergleichliche Panorama der Wolkenkratzer richten.

13 JANE'S CAROUSEL

Brooklyn Bridge Park

www.janescarousel.com

Mitte Mai–Sept. Mi–Mo 11–19 Uhr, Okt.–Mitte Mai Do–So 11–18 Uhr.

Dieses hübsche Karussell

aus den frühen 20er-Jahren wurde bis ins kleinste Detail restauriert. Dank dieser sorgfältigen Arbeit können Sie sich seit 2011 für 2 Dollar eine Runde *Merry-go-Round* gönnen. Als der Hurrikan »Sandy« wütete, stieg das Wasser an dem Glaspavillon, der das Karussell beherbergt, bedrohlich an. Es hätte nicht viel gefehlt, und eine neue Restaurierung wäre nötig geworden!

14 WALLABOUT BAY

Diese »wallonische Bucht« verdankt ihren Namen französischsprachigen Belgiern, die sich hier niederließen.

15 FABBRICA

40 N 6th St., Williamsburg
www.fabbricanyc.com
Tgl. 12–23.30 Uhr.

In diesem Restaurant bemüht sich Israël, das alte New York lebendig zu erhalten. Die Tätowierung auf seinem Arm lässt hierüber keine Zweifel: »*I miss the old New York.*«

16 GRAND FERRY PARK

Am Ende der Grand St., den East River entlang

Diese reizende Mini-Grünanlage war früher ein Anleger für die (Dampf-)Fähre. Sie liegt versteckt zwischen den Fabriken, Ihre Suche wird durch wunderbare Blicke auf Williamsburg Bridge und Manhattan belohnt.

17 DOMINO SUGAR FACTORY

Kent Ave. in S 1st St.

Diese alte Zuckerfabrik stellte frühere gut die Hälfte der Zuckerproduktion in den USA sicher. Sobald der unter Denkmalschutz stehende Komplex renoviert ist, soll er in ein Bauprojekt mit 2300 Wohnungen, Büros und Grünanlagen integriert werden.

18 DEN

45 S 3rd St.
www.denbrooklynmarket.com
Mo–Fr 7–19 Uhr, Sa/So 8–20 Uhr.

Dieses helle und luftige Trend-Café ist ein traumhafter Ort, um sich bei Kaffee und Kuchen eine Weile auf Facebook herumzutreiben. Trödeln Sie jedoch nicht zu lange, New York erwartet Sie!

19 MISS FAVELA

57 S 5th St.
www.missfavela.com
Tgl. 12–24 Uhr.

Angela Denneulin, die Ehefrau eines Restaurantbesitzers in SoHo, wollte auf eigenen Füßen stehen. Ihr brasilianisches Bistro »Miss Favela« bietet einen exotischen Brunch an. Sonntags sollten Sie die Cocktails, die brasilianischen Rhythmen und die Tänze nicht versäumen!

20 MARLOW & SONS

81 Broadway, Ecke Berry St.
www.marlowandsons.com
Tgl. 8–16 und 17–24 Uhr.

Angesagte hohe Kochkunst in einer Kantine, das ist typisch Williamsburg! Hier gibt es keine Speisekarte, denn die Tagesgerichte ändern sich ... täglich! Sie essen gerne, was gerade da ist? Um mehr darüber zu erfahren, lesen Sie auf den Papiertischdecken nach.

21 PETER LUGER STEAK HOUSE

178 Broadway, Ecke Driggs Ave.
www.peterluger.com
Mo–Do 11.30–21.30 Uhr, Fr/Sa 11.30–22.30 Uhr, So 12.30–21.30 Uhr.

Saftige Steaks und gut gefüllte Gläser: Hier steht keiner hungrig vom Tisch auf. Da hier keine Kreditkarten akzeptiert werden, wartet nach dem Essen jedoch vielleicht das Geschirr darauf, von Ihnen gespült zu werden!

22 VIDEOLOGY

308 Bedford Ave.
www.videology.info
So–Do 12–2, Fr/Sa 12–4 Uhr.

Für alle Film-Fans ist diese 3 : 1 -Einrichtung – Videothek, Kino und Kneipe – ein wahres Geschenk des Himmels. Hier ist immer etwas los – häufig kostenlos –, beispielsweise ein TV-Serien-Marathon und ein Kinoquiz. Selbst an Popcorn wird gedacht! Informieren Sie sich im Internet über das Programm.

23 BROOKLYN ART LIBRARY SKETCHBOOK PROJECT

103 N 3rd St. zwischen Whythe Ave. und Berry St.
www.sketchbookproject.com
Tgl. 11–19 Uhr.

Bei diesem Projekt kann jeder seiner Fantasie freien Lauf lassen. Zum Preis eines Skizzenbuchs können Sie Teil der Sammlung werden und Ihre künstlerischen Fantasien mit der ganzen Welt teilen!

24 MAST BROTHERS CHOCOLATE

111 N 3rd St., zwischen Whythe Ave. und Berry St.
www.masbrothers.com
Mo–Sa 11–19 Uhr, So 11–17 Uhr.

An belgische Schokolade reicht nichts heran, aber diese hier ist nicht weit davon entfernt! Die Brüder Mast haben ihr Hobby zum Beruf gemacht und dieses alte Gebäude in eine ultramoderne Schokoladenfabrik verwandelt.

25 BLUE BOTTLE COFFEE

160 Berry St., zwischen N 4th und 5th St.
www.bluebottlecoffee.com
Mo–Do 7–19 Uhr, Fr–So 7–20 Uhr.

Diese Kaffeerösterei an der Berry Street dient einem Kunstwerk des belgischen Künstlers ROA als Leinwand. Der Kaffee wird hier, entsprechend den Anforderungen der New Yorker Kaffeekultur, vor Ort geröstet und zubereitet. Hier bedeutet *Latte Art* mehr als ein nettes Motiv auf dem Milchschaum!

26 CAPRICES BY SOPHIE

138 N 6th St. zwischen Berry und Bedford St.
www.capricesbysophie.com
Tgl. 7.30–20 Uhr.

Sophie hat genau wie ich der Pariser Finanzwelt den Rücken gekehrt, um ihre Leidenschaft zu leben. Ich bin Stadtführer, sie ist Konditorin. Und was für eine! Es ist wirklich erstaunlich, dass sie noch am Leben ist, denn für ihre Baisers und ihre Éclairs könnte man zum Mörder werden! Alles wird aus frischen, regionalen biologischen Zutaten hergestellt.

27 BAGELSMITH BEDFORD

189 Bedford Ave. zwischen 6th und 7th St.
www.bagelsmith.com
Täglich rund um die Uhr.

Die besten Bagels im Viertel. Ideal für den kleinen Hunger!

28 MCCARREN HOTEL & POOL

160 N 12th Street
www.chelseahotels.com/us/brooklyn/mccarren-hotel-and-pool
Dach Mi–So 17–4 Uhr.

Pool, Blick, Service, Stil ... An Gründen für einen Aufenthalt im »McCarren Hotel« mangelt es nicht. *See you on the roof* an einem Sommerabend mit DJ und Cocktails!

29 BROOKLYN BREWERY

79 N 11th St.
www.brooklynbrewery.com
Besichtigungen Fr 18–23 Uhr, Sa 12–20 Uhr, So 12–18 Uhr, Mo–Do um 17 Uhr nach Anmeldung, Kosten 10 Dollar.

Die Absatzzahlen und die Beliebtheit dieser Brooklyner Biere schlagen alle Rekorde. Oft bildet sich bereits eine Stunde vor Öffnung eine Schlange. Kommen Sie nicht zu spät!

30 BROOKLYN BOWL

61 Wythe Ave. zwischen N 11th und 12th St.
www.brooklynbowl.com
Mo–Do 18–2 Uhr, Fr 18–4 Uhr, Sa 12–4 Uhr, So 12–12 Uhr.

Kein Vergleich mit dem üblichen Bowling an der Ecke! In Williamsburg gibt es sogar beim Bowling einen *Hipster Style*. Nicht gerade billig, aber ein garantiertes Vergnügen. Lust auf etwas Essbares? Hier sorgt ein »Blue Ribbon«-Restaurant für kulinarische Freuden! Da kann den Hipstern schon das Wasser im Mund zusammenlaufen ... und nicht nur denen.

31 URBAN OUTFITTERS

89 N 6th St. zwischen Wythe und Berry St.
www.spaceninety8.com
Mo–So 10–22 Uhr.

Wie alle Läden in diesem Quartier ist auch »Urban Outfitters« ein Concept Store. Klamottenmäßig genau den Erwartungen der Williamsburger entsprechend, legt »Space Ninety 8« den Schwerpunkt auf die Arbeit lokaler Modeschöpfer.

32 WYTHE HOTEL

80 Wythe Avenue zwischen N 11th und 12th St.
www.wythehotel.com

Umfunktionierte Fabriken sind der natürliche Lebensraum der Hipster. Zu deren großer Freude hat Jed Walentas (der Sohn von Jane's Carousel, erinnern Sie sich?) diese ehemalige Böttcherei in das »Wythe Hotel« verwandelt. Das Ergebnis, mit Kino, Restaurant und Dachterrasse, wird allgemein sehr geschätzt!

33 SPRITZENHAUS

33 Nassau Ave. zwischen Guernsey und Dobbin St.
www.spritzenhaus33.com
Mo–Mi 4–16 Uhr, Do–So 12–16 Uhr.

Spritzenhaus, das sind Pommes, Würstchen mit Sauerkraut und eine große Bierauswahl in einem sympathischen Industrieloft mit riesigen Fensterfronten, die im Sommer offen stehen, und einem nicht weniger riesigen offenen Feuer in der kalten Jahreszeit. Was will man mehr?

34 FIVE LEAVES

18 Bedford Ave., Ecke Lorimer St.
www.fiveleavesny.com
Tgl. 8–1 Uhr.

Filmstar Heath Ledger hat sich dieses Bistro mit ein paar Freunden ausgedacht. Nach seinem Tod hat seine Familie zur Realisierung der Idee beigetragen. Hier kann man in maritimem Ambiente lecker australisch essen.

35 LOREN CRONK

80 Nassau Ave., zwischen Lorimer St. und Manhattan Ave.
www.lorencronk.com
Mo–Mi und Do 12–19 Uhr, Fr 12–21 Uhr, Sa/So 11–20 Uhr.

Loren hat quasi Jeans in den Genen. Der Autodidakt hat diese reizvolle Boutique eröffnet, in der Know-how erschwinglich bleibt.

36 NIGHTS & WEEKENDS

1 Bedford Ave., zwischen Bedford & Nassau Ave.
www.nightsandweekendsny.com
Tgl. 10–3 Uhr.

Diese karibische Bar ist die exotische kleine Schwester des »Five Leaves«. Die fröhlichen *vibes* und die köstlichen Cocktails rufen sofort Sommergefühle hervor. Machen Sie sich beim Brunch allerdings auf Menschenmassen und Wartezeiten gefasst.

37 MANHATTAN INN

632 Manhattan Ave., zwischen Bedford und Nassau Ave.
www.themanhattaninn.com
Mo–Fr 17–4 Uhr, Sa/So 11–4 Uhr.

Ganz hinten entdeckt man, in intimer und gemütlicher Einrichtung, einen Flügel. Die Abendmahlzeiten und der Brunch am Wochenende werden zu Live-Jazz serviert. Das musikalische Talent würzt auch die Speisen, allerdings häufig sehr kräftig. Schießen Sie jedoch nicht auf den Pianisten, er bevorzugt ein ganz normales Trinkgeld!

38 MCCARREN PARK POOL

776 Lorimer St.
www.nycgovparks.org/parks/mccarren-park/facilities/outdoor-pools/mccarren-park-pool
26. Juni–1. Sept. tgl. 11–15 und 16–19 Uhr.

Eine Adresse für den Sommer (es sei denn, Sie sind ein Eisbär). McCarren Park bietet eine kostenlose Erfrischung in olympischem Format. Wohl verdient nach einem solchen Spaziergang!

SHAY

KOMPLIZEN

Hipster, ausgeflippt, unvorhersehbar, überraschend und schlichtweg genial: So kann man Shay kurz zusammengefasst beschreiben. Früher war er Anwalt in Tel Aviv, heute leitet er mitten in New York eine Sandwichbude. Das war zwar nicht unbedingt sein Lebenstraum, nach ein paar Wahnsinnsjahren brauchte er jedoch dringend Geld. Der Gedanke, sein täglich Brot durch dessen Verkauf zu verdienen, lockte ihn, und so eröffnete er mitten im Fashion District, einen Katzensprung von Macy's entfernt, »The Picnic Basket«. Mit guter Planung, etwas Glück und seinen Beziehungen zu »Jew York« war der Erfolg unvermeidlich!

Shay ist ein *survivor*, eine Art Lebens- und Überlebenskünstler. New York birgt für ihn kein Geheimnis, er versteht es, das Schicksal herauszufordern. Als er sich das Handgelenk gebrochen hat, ist er selber ins Krankenhaus gefahren, um die Taxikosten zu sparen. Und um zu verhindern, dass man ihm den Strom abstellt, kam er auf die Idee, seinen Stromversorger anzurufen und sich für eine alte, geistig verwirrte Dame auszugeben. Und es hat funktioniert!

Sein impulsiver Charakter hat ihn im wahrsten Sinn des Wortes geprägt: Er ließ sich das Motiv seines Lieblings-T-Shirts auf die Brust tätowieren. Bereits am nächsten Tag rief er mich jedoch an, um mir zu gestehen, dass er es bereue!

Mit Shay besteht keine Gefahr der Langeweile! Ich gehe oft mit ihm auf Erkundungstour. Da er sich in New York so gut auskennt und zahlreiche Beziehungen pflegt, konnte er mir die erstaunlichsten Orte zeigen, und für einen Stadtführer gibt es nichts Angenehmeres, als in einer Stadt, in die er verliebt ist, Neues zu entdecken. Ich freue mich schon auf unser nächstes Abenteuer!

TIPP VON SHAY

WYTHE HOTEL

80 Wythe Ave. North 11th St., Williamsburg, Brooklyn

www.wythehotel.com

Das »Wythe Hotel« kann sich rühmen, einen atemberaubenden *Skyline View* zu bieten. Diese ehemalige Fassbinderei mitten im neuen Williamsburg wurde in ein Hipster-Hotel mit 72 Zimmern umfunktioniert und hat ein ausgezeichnetes Restaurant und eine absolut trendige *rooftop bar*. Das Hotel verfügt sogar über einen eigenen *screening room* mit Bar für Filmvorführungen.

www.reynardnyc.com

www.wythehotel.com/the-ides

TIPP VON PATRICK

MCCARREN HOTEL & POOL

160 North 12th St., Williamsburg, Brooklyn

www.chelseahotels.com/us/brooklyn/mccarrenhotel-and-pool

Nicht weit vom »Wythe Hotel« profitiert das »Hotel McCarren« nicht nur von einer wunderbaren Aussicht, sondern bietet auch einen der größten Salzwasser-Pools Brooklyns unter freiem Himmel. Der Preis macht das Badevergnügen zwar zu einem Luxus, der jedoch, zumindest in den Sommermonaten, nicht überflüssig ist!

MCCARREN PARK POOL

N. 12 St., Lorimer St., Manhattan Ave., zwischen Bayard St. und Berry St.

www.nycgovparks.org/parks/mccarrenpark/facilities/outdoor-pools/mccarren-park-pool

26. Juni–1. Sept. tgl. 11–15 und 16–19 Uhr.

Sollte der Pool des »McCarren Hotels« in Ihrem Budget nicht enthalten sein, suchen Sie das Olympische Freibad im McCarren Park auf der anderen Straßenseite auf, das im Sommer kostenlos genutzt werden kann. Denken Sie aber daran, eigene Handtücher und ein Schloss für den Spind mitzubringen.

JEW YORK CITY

Woher dieser Beiname stammt, ist leicht nachzuvollziehen. Die Anzahl Juden in der Greater New York City Area liegt über einer Million. Das ist mehr als die jüdische Bevölkerung von Boston, Philadelphia, Chicago, San Francisco und Washington zusammengenommen. Es gibt in der Welt keine größere jüdische Gemeinde. Außerhalb Israels natürlich.

KUNST-GALERIEN

Die Stadt New York zählt nicht nur viele Galerien, sie veranstaltet auch Kunstmessen, deren bekannteste »Frieze und The Armory Show« sind. Der Grund dafür ist einfach: Wenn man nicht zögert, mehrere Millionen für eine Wohnung zu berappen, schreckt man auch nicht vor der Ausgabe von ein paar zehntausend Dollar zurück, um die Attrappe eines offenen Kamins zu schmücken. Es ist jedoch auch möglich, für weniger Geld davonzukommen. Bei seinem Aufenthalt 2013 in New York bot der britische Straßen- und Graffitykünstler Banksy einen Tag lang seine Werke auf der Straße zum Verkauf an. Bis zum Abend hatten nur ein paar mutige Passanten eines seiner Bilder für 60 Dollar erstanden – und damit für einen Preis, der weit unter dem tatsächlichen Wert lag! Einer alten Dame war es sogar gelungen, einen Preisnachlass von 50 Prozent auszuhandeln und zusätzlich noch eine Plastiktüte zu bekommen.

TIPP VON PATRICK

Was Galerien und Ausstellungen angeht, ist Chelsea eine sichere Adresse. Hier drängen sich die Galerien, vor allem zwischen 10th und 11th Avenue und 18th und 28th Street. Früher gab es einmal 350, heute sind noch rund 200 zu finden. Dieser Rückgang zeugt nicht von einem Niedergang, sondern von einer gewissen Reife: Das Quartier ist erwachsen geworden. Derzeit konzentriert sich die Aufmerksamkeit jedoch wieder auf die Lower East Side, wo die Kunstszene neu belebt wurde, nachdem das Quartier hinter Chelsea zurückstecken musste, das Ende der 80er-Jahre preiswerter war. In letzter Zeit beobachtet man, dass sich die Situation wieder umkehrt, auch wenn das Ambiente in beiden Vierteln sehr unterschiedlich ist.

I MISS THE OLD NEW YORK.

ISRAEL

ICH VERMISSE DAS ALTE NEW YORK

Als ich nach New York kam, war ich total am Boden. Ich hatte kaum noch genügend Geld, um ein Zimmer in Brooklyn zu mieten. Dort schlief ich in meinen Burberry gehüllt, denn Bettzeug war für mich ein unerschwinglicher Luxus. Arbeiten war zu einer Frage von Leben oder Tod geworden.

Craigslist im Profil von Allison nachlesen

Nachdem ich vergeblich alle infrage kommenden Restaurants abgeklappert hatte, strandete ich schließlich dank einer Annonce auf Craigslist bei Israël Katz, dem Inhaber des »Jardin Bistro«. Dieses französische Restaurant am Petrosino Square hatte in den 80er- und 90er-Jahren großen Erfolg, erlebte seit einiger Zeit jedoch ein gewisses Tief. Meine Französischkenntnisse sollten ihm neuen Aufschwung verleihen. Dank Israël ergatterte ich also meinen ersten Job ... und meine erste Wohnung. Durch eine Schicht Farbe und einen neuen Linoleumboden mauserte sich die baufällige Bude, die er mir vermietete, zu einem annehmbaren Wohnraum. Nur der ständige Fischgeruch, der von den Nachbarn nach oben zog, vergällte mir die Freude ein wenig.

FABBRICA
40 N 6th St,
Williamsburg

Israël äußerte häufig seine Unzufriedenheit mit dem Niedergang des echten New York, das den großen Ketten der Corporate World hatte weichen müssen. Zur Bekräftigung seiner Klagen hatte sich der Exzentriker »I miss the old New York« auf den Arm tätowieren lassen. Denn offenbar ging nichts über die gute alte Zeit. Mit den Duane Read und Starbucks an jeder Straßenecke ist ihm Manhattan unerträglich geworden. Also hat er seine Habseligkeiten ins Quartier Williamsburg in Brooklyn verlagert. Dort führt er das Restaurant »Fabbrica« am Ufer des East River und versucht, etwas für das Überleben des alten New York zu tun.

TIPPS VON ISRAEL

ROSEMARY'S GREENPOINT TAVERN

188 Bedford Ave., Williamsburg, Brooklyn, zwischen North 6th und 7th

Wenn Sie Lust haben, ein preiswertes Bier (in einem Plastikbecher) in Gesellschaft von *locals* (Einheimischen) und (Rock-)Musikern zu trinken, wird Ihnen dieses Old-School-Café gefallen, wo sowohl das Ambiente als auch die Preise anspruchslos sind. Seien Sie mit dem Personal geduldig: Die Leute haben schon ein paar Jahre auf dem Buckel!

DECIBEL

240 East 9th St., zwischen Stuyvesant St. und 2nd Ave.

www.sakebardecibel.com

Seit über 20 Jahren bietet »Decibel« in Sachen japanischer Reiswein nur Authentisches in rund hundert verschiedenen Sorten. Da sich die Bar im Untergeschoss befindet, kann sie als ein auf Sake spezialisiertes *Speakeasy* angesehen werden. Den Eingang zeigt nur ein einfaches Hinweisschild an. Gehen Sie durch die Metalltüre und finden Sie sich in Japan wieder. *Kanpai! Cheers! Prost!*

TIPP VON PATRICK

BARCADE

388 Union Ave., Williamsburg, Brooklyn
www.barcadebrooklyn.com

Bier und Videospiele wie früher: Für zwei Brüder und ihre Kumpel sah so das Rezept aus, um Spaß zu haben. Sie zögerten nicht, dieses Konzept zu vermarkten. Zu viert sind sie mit ihrem Betriebsmaterial aus ihrem Loft in eine ehemalige metallverarbeitende Fabrik im Viertel Williamsburg umgezogen. Sie hatten so großen Erfolg, dass sie anschließend drei weitere Spiel-Bars eröffnet haben. Ein *Must Play* für die Freunde elektronischer Spiele der 80er-Jahre.

DUANE READE

Dieser Drugstore zählt zu den Erfolgsgaranten in Manhattan. Täglich kommen rund 300 000 New Yorker hierher. Ihren Namen verdankt die Kette der Adresse ihres ersten Ladens zwischen Duane Street und Reade Street und ihren Erfolg der Tatsache, dass sie die New Yorker perfekt kennt. Die haben kein Problem mit engen Gängen und schmalen Treppen. Für sie zählen nur Auswahl und Tempo. Daher fürchtet sich »Duane Reade« im Gegensatz zu anderen Supermarktketten nicht davor, Läden in kleinen, mehrstöckigen Häusern zu eröffnen. Die Kette spart jedoch nicht am Kassenpersonal, denn sie weiß, dass die Kunden keine Zeit zum Warten haben. Zudem ist das angebotene Sortiment genau auf die Stadt abgestimmt. So hat man hier doppelt so viele Einlegesohlen auf Lager wie bei der Konkurrenz, weil man weiß, dass die New Yorker eingefleischte Fußgänger sind. Während zudem bei keiner anderen Kette der USA ein empfängnisverhütender Artikel unter den Top 50 ist, landen bei »Duane Reade« sogar drei Artikel unter den Top 25. Ganz zu schweigen von Viagra. Das nennt man *living in the fast lane* (»Leben auf der Überholspur«).

THESE SHOES ARE MADE FOR WALKING

SCHUHE

In New York geht man viel zu Fuß und braucht entsprechendes Schuhwerk. Die Kunst besteht darin, einen Kompromiss zwischen Bequemlichkeit und Ästhetik zu finden. Es sei denn, Sie verspüren Lust, einen maßgeschneiderten Anzug oder ein Kostüm mit Sneakers zu kombinieren.

I MIS
THE
NEW
YORK

SS

OLD

K.

ISRAEL

* Ich vermisse das alte New York.

ESSEN, TRINKEN & GENIESSEN

In New York kommt alles Belgische gut an, und darauf bin ich sehr stolz. Die lange Zeit unterrepräsentierte belgische Küche ist zu einem Muss geworden. Sie hat gewisse Ähnlichkeiten mit der französischen Küche, ist häufig jedoch preiswerter und weniger hochgestochen, zwei Merkmale, die von den New Yorkern geschätzt werden. Und dabei bleibt es nicht. Weit davon entfernt, sich damit zufrieden zu geben, New York durch seine Schokoladen- und Bierbrautraditionen zu erobern, bietet Belgien den New Yorkern auch seine Pommes, seine Waffeln, seine Mode, seine Technologie, seine Musik und seine Kunst an. Belgien ist nicht auf allen Gebieten berühmt, was man jedoch von dem Land weiß, findet allgemein Anklang. Belgien ist hier gleichbedeutend mit Qualität.

BELGISCHE RESTAURANTS IN NEW YORK

BXL

BXL Café, 125 West, 43rd St., zwischen 6th und Broadway
BXL East, 210 East, 53rd St., zwischen 2nd und 3rd
BXL Zoute, 50 West, 22nd St., zwischen 5th und 6th
www.bxlrestaurants.com

PETITE ABEILLE

44 W 17th St., New York, NY
401 E 20th St., New York, NY
134 W Broadway, New York, NY
www.petiteabeille.com

PAIN QUOTIDIEN

26 Filialen über die Stadt verteilt, darunter Central Park
www.lepainquotidien.com

MARKT

676 Avenue of the Americas, New York, NY
www.marktrestaurant.com

WAFELS & DINGES CAFE

Avenue B und 2nd St.
www.wafelsanddinges.com

POMMES FRITES

123 2nd Ave., New York, NY
www.pommesfritesnyc.com

EXKI

257 Park Ave. South, zw. 20th und 21st St.
www.exkinyc.com

TOM

SCHÖNE STUNDEN

Tom ist ein genialer Typ. Jemand, auf den man wirklich zählen kann und dessen Erfolg seiner Bescheidenheit keinen Abbruch getan hat. Unsere Verbindung hat sich im Lauf der Jahre verstärkt, und ich bin glücklich, ihn in New York zu meinen besten Freunden zählen zu können. Zusammen mit seinem Freund Matt lebt er in einer eleganten Wohnung an der Grenze zum Viertel Gramercy, das zur Lower East Side von Manhattan gehört. Es sei denn, sie halten sich in ihrem Haus in den Hamptons auf. Oder in ihrer Zweitwohnung in Florida.

Als erfolgreicher Anwalt und Banker ist Tom das typische Beispiel eines gut betuchten New Yorkers. Sein Hund »Frazier« geht jeden Tag ins Hotel. Wenn Tom ausgeht oder reist, sind VIP-Upgrades gang und gäbe, und wenn er seine Uhr zum Reparieren geben muss, kostet das locker 500 Dollar. Was nicht erstaunlich ist, wenn man weiß, dass sie eine fünfstellige Summe gekostet hat. Ein Geschenk seines Freundes, wie er mir versichert hat. Ein Geschenk, das kurz danach auf einer Auslandsreise verloren ging. Da er sich nicht traute, ohne seine Uhr nach Hause zu kommen, kaufte er sich eine neue. Alles umsonst: Sein Freund bemerkte es sofort, denn das Zifferblatt zeigte die Monatsnamen in Spanisch an, dieses Detail war Tom beim Kauf nicht aufgefallen.

Durch Tom habe ich die Circle Line »Sightseeing Cruises« entdeckt. Diese Bootsfahrten sind sehr beliebt, sogar bei den New Yorkern. Eine dreistündige Rundfahrt mit (guten) Erläuterungen und einem prachtvollen Blick auf Manhattan. Tom legte selbstverständlich Wert auf einen VIP-Platz. Ich als *budget traveler* konnte nicht umhin mich zu fragen, ob ein besonderes Glas und ein paar Kissen den verlangten Aufschlag wirklich wert waren. Die Bootsfahrt selbst hat jedoch Niveau, und ich verdanke diese Entdeckung Tom.

TIPPS VON TOM

OPEN-MIC NIGHT AT COMMON GROUND

206 Ave. A, Lower East Side
www.commongroundnyc.com

Jeden Sonntagabend ab 20 Uhr haben Sie im »Common Ground« bei der »Nacht des offenen Mikro« Gelegenheit, der Welt zu zeigen, was Sie so drauf haben. 20 Minuten stehen Ihnen zur Verfügung, um sich zu beweisen. Achtung, jeder kann teilnehmen. Niveau-Unterschiede sind unvermeidlich.

THE OLD TOWN BAR

45 East 18th St., zwischen Broadway und Park Ave.
www.oldtownbar.com

Die »Old Town Bar« trägt ihren Namen zu Recht. Das Pub, das seit 1892 besteht, setzt auf ein charaktervolles klassisches Interieur, das mit Mahagoni, Marmor und Zinn spielt. Hier ist Geschichte allgegenwärtig. Selbst die majestätischen Urinale aus Porzellan erfüllen bereits seit mehr als hundert Jahren ihren Dienst.

GRAMERCY TAVERN

42 E 20th St.
www.gramercytavern.com

New York liebt dieses Restaurant, das eines der besten der Stadt sein soll. Hier entdecken Sie die aktuelle klassisch-amerikanische Küche von ihrer besten Seite. Nicht für jeden Geldbeutel erschwinglich, aber von hoher Qualität, was bedeutet, dass man lange im Voraus reservieren muss.

TIPP VON PATRICK

GRAMERCY TERRACE
2 Lexington Ave.
www.gramercyparkhotel.com/events/gramercy_terrace

Die obere Etage des »Gramercy Hotels« ist eine grüne Oase. Dort kann man ein Gläschen trinken oder sich ein romantisches Abendessen inmitten tropischer Pflanzen gönnen. Im Sommer verschwindet das Dach, und die Sonne bringt den *finishing touch*. Eher teuer, lohnt aber einen Umweg.

Bevor Sie nach oben gehen, sollten Sie nicht versäumen, die bemerkenswerte Kunstsammlung des »Gramercy Hotels« zu bewundern, die durchaus mit einem durchschnittlichen Museum mithalten kann. Sie sehen dort Meisterwerke von Künstlern wie Andy Warhol, Damien Hirst und Keith Haring.

WER HAT EINE ZWEITWOHNUNG IN DEN HAMPTONS?

Alec Baldwin
Anderson Cooper
Billy Joel
Calvin Klein
Donna Karan
Gwyneth Paltrow
Jennifer Lopez
Jerry Seinfeld
Martha Stewart
Paul McCartney
Paul Simon
Ralph Lauren
Renee Zellweger
Richard Gere
Robert De Niro
Sarah Jessica Parker
Steven Spielberg
Scarlett Johansson
...

DIE HAMPTONS

Von Calvin Klein bis zum ehemaligen Bürgermeister Bloomberg ... Die meisten New Yorker Persönlichkeiten haben eine Zweitwohnung in den Hamptons. Dieser entlegene Winkel von Long Island, zwei Autostunden östlich von New York City, ist während der Sommermonate die bevorzugte Sommerfrische der High Society. Die Haupttrümpfe: eine Reihe von Tennis- und Golfplätzen, herrliche Natur, absolute Ruhe ... und die teuersten Immobilien der Vereinigten Staaten.

Wenn Sie sich die volle Promi-Dosis geben möchten, haben Sie zwei Möglichkeiten, die Hamptons zu erreichen: mit dem »Cannonball«, einem durchgehenden Schnellzug, der an der Penn Station abfährt, oder mit dem »Hampton Jitney«, einer Busverbindung mit verschiedenen Haltestellen in Manhattan und Brooklyn.

JITNEY
www.hamptonjitney.com
CANNONBALL
web.mta.info/lirr/hamptons/reserveservice.htm

54 132 CM

1 WTC

Mit seinen 1776 Fuß Höhe ist das One World Trade Center das höchste Gebäude in New York. Die Zahl spielt auf das Jahr der Amerikanischen Unabhängigkeit an. Umgerechnet ergibt sie 541,3 Meter oder 54 132 Zentimeter.

NEW YORK VOM WASSER AUS

CIRCLE LINE

Die »Circle Line« bietet eine Reihe interessanter Rundfahrten mit Führern an, die ihren Job im Schlaf beherrschen. Abfahrt ist auf dem Hudson, dem Fluss im Westen von Manhattan, auf Höhe von Midtown. Unterwegs können Sie die Westküste der Skyline von Manhattan bewundern, aber auch New Jersey am anderen Ufer und, je nach gewählter Rundfahrt, noch viel mehr. Von den drei genannten Optionen ist die »Circle Line« die teuerste, aber Sie bekommen auch wirklich etwas für Ihr Geld. Das Für und Wider müssen Sie selbst abwägen.

EAST RIVER FERRY

Von der »East River Ferry« aus umfasst der Blick das Panorama von Manhattan, und Sie genießen eine phänomenale Aussicht. Das Schiffstaxi fährt von der 34th Street in Midtown ab und hält mehrmals in Queens und Brooklyn, bevor es am Pier 11 in Lower Manhattan anlegt, ganz in der Nähe der Wall Street und des *Financial District*. Unterwegs fahren Sie unter den drei berühmtesten Brücken New Yorks durch (Brooklyn, Manhattan und Williamsburg Bridge). Eine herrliche Fahrt für 4 Dollar pro Person. Nicht versäumen!

STATEN ISLAND FERRY

Eine kostenlose Attraktion, die einen Umweg lohnt. Sie gehen am Südende von Manhattan, vor den Gebäuden der »Staten Island Ferry« (unmöglich zu verfehlen) an Bord, um in der Nähe der Freiheitsstatue vorbei nach Staten Island zu fahren. Bei der Ankunft können Sie sofort wieder die Fähre in die Gegenrichtung nehmen. Eine wunderschöne Bootsfahrt, bei der man idealerweise die Hinfahrt bei Tageslicht und die Rückfahrt in der Dunkelheit unternimmt.

HUNDE IN NEW YORK

Obgleich der Durchschnitts-New-Yorker eher beengt wohnt, gibt es in der Stadt viele Haustiere. Gut eine Million Vierbeiner (etwa 600 000 Hunde und 500 000 Katzen) leisten den Bewohnern Gesellschaft und halten einen lukrativen Geschäftszweig in Gang, der von Tierbedarfsgeschäften bis zu Hundehotels reicht. Wag (www.wag.com) liefert alles nach Hause, was Haustiere so brauchen können, und professionelle Hundeausführer gehen mit Ihrem Gefährten für rund 15 Dollar pro halbe Stunde Gassi. Einige führen zehn oder sogar 20 Hunde gleichzeitig spazieren. Dabei kommt es zu amüsanten Szenen, die von einer und lukrativen Kunst zeugen.

FUN FACT
In New York steht eine ganze Reihe von Haustieren auf der Schwarzen Liste. Wenn Sie nicht der Bronx Zoo oder der Tierpark von Brooklyn sind, kommt es nicht infrage, dass Sie Schlangen, Leguane, Frettchen, Eichhörnchen oder Enten halten. Eifern Sie also nicht dem Beispiel von Joey in der TV-Serie »Friends« nach. Auch der Wal gehört zu den verbotenen Tieren!

AMERIKA UND DIE GESUNDHEITSPFLEGE

Kein anderes Land gibt soviel Geld für die Gesundheitspflege aus wie die Vereinigten Staaten: 8000 Dollar pro Person und Jahr. Dennoch entspricht das Ergebnis nicht immer den Erwartungen. Trotz der Bemühungen von Präsident Obama stehen Millionen Amerikaner ohne eine Krankenversicherung da, die diesen Namen auch verdient. Dies ist der schlimmste neuralgische Punkt der amerikanischen Gesellschaft.

Damit Sie eine Vorstellung von der Situation bekommen: Eine Krankenversicherung, die jeden Monat mehrere hundert Dollar kostet, ist hier nichts Außergewöhnliches. Da viele nicht in der Lage sind, solche Summen zu bezahlen, gehen alle Arztkosten zu ihren eigenen Lasten. Das sind zwischen 50 und 100 Dollar für einen Arztbesuch und über 300 Dollar für eine neue Plombe beim Zahnarzt. Ein Krankenhausaufenthalt und/oder eine Operation können eine Familie in den Ruin treiben.

54 132 CM

I WTC

Mit seinen 1776 Fuß Höhe ist das One World Trade Center das höchste Gebäude in New York. Die Zahl spielt auf das Jahr der Amerikanischen Unabhängigkeit an. Umgerechnet ergibt sie 541,3 Meter oder 54 132 Zentimeter.

181 CM
PATRICK

(FAHRRAD-)SPAZIERTOUR

4

VERSTECKTE PLÄTZE IM CENTRAL PARK

CENTRAL PARK

MANHATTAN
UPPER WEST SIDE
UPPER EAST SIDE
CENTRAL PARK
THE RESERVOIR
THE LAKE
THE POND
THE POOL
THE LOCH
TURTLE POND
AMERICAN MUSEUM OF NATURAL HISTORY
METROPOLITAN MUSEUM OF ART
JEWISH MUSEUM
COOPER-HEWITT NATIONAL
NATIONAL ACADEMY OF DESIGN
GUGGENHEIM MUSEUM
NEUE GALLERY
GOETHE INSTITUTE
NYU INSTITUTE OF FINE ARTS
WHITNEY MUSEUM OF AMERICAN ART
FRICK COLLECTION
HUNTER COLLEGE
NEW YORK ZOO - WILDLIFE CENTER
MOUNT SINAÏ HOSPITAL
COLOMBUS CIRCLE
TIME WARNER CENTER
HENRY BROWN BLOCK
HENRY HUDSON PKWY
BROADWAY
AMSTERDAM AVE
COLUMBUS AVE
MANHATTAN AVE
CENTRAL PARK WEST
CENTRAL PARK N
CENTRAL PARK S
WEST DR
EAST DR
TERRACE DR
97 TH ST TRANSVERSE RD
79TH ST TRANSVERSE RD
MADISON AVE
PARK AVE
LEXINGTON AVE
3RD AVE
2ND AVE
1ST AVENUE
YORK AVE
4TH AVE
W 106TH ST
W 105TH ST
W 104TH ST
W 102ND ST
W 101ST ST
W 100TH ST
W 99TH ST
W 98TH ST
W 97TH ST
W 96TH ST
W 95TH ST
W 94TH ST
W 93RD ST
W 92ND ST
W 91ST ST
W 90TH ST
W 89TH ST
W 88TH ST
W 87TH ST
W 86TH ST
W 85TH ST
W 84TH ST
W 83RD ST
W 82ND ST
W 81ST ST
W 80TH ST
W 79TH ST
W 78TH ST
W 77TH ST
W 76TH ST
W 74TH ST
W 73RD ST
W 71ST ST
W 70TH ST
W 69TH ST
W 68TH ST
W 67TH ST
W 63RD ST
W 62ND ST
W 57TH ST
E 97TH ST
E 86TH ST
E 79TH ST
E 78TH ST
E 77TH ST
E 76TH ST
E 75TH ST
E72ND ST
E71ST ST
E 70TH ST
E 69TH ST
E 68TH ST
E 67TH ST
E 66TH ST
E 65TH ST
E 60TH ST
103 ST
96 ST
86 ST
79 ST
72 ST
66 ST / LINCOLN CENTER
59 ST / COLUMBUS CIRCLE
5 AV / 58 ST
LEXINGTON AV / 63 ST
68TH / HUNTER COLLEGE
77 ST
CENTRAL PARK NORTH (110 ST
01
02
03
04
05
06
07
08
09
10
11
12
13
14
15
16
17
18
19
20
21
22
23
24
25
26
27
28

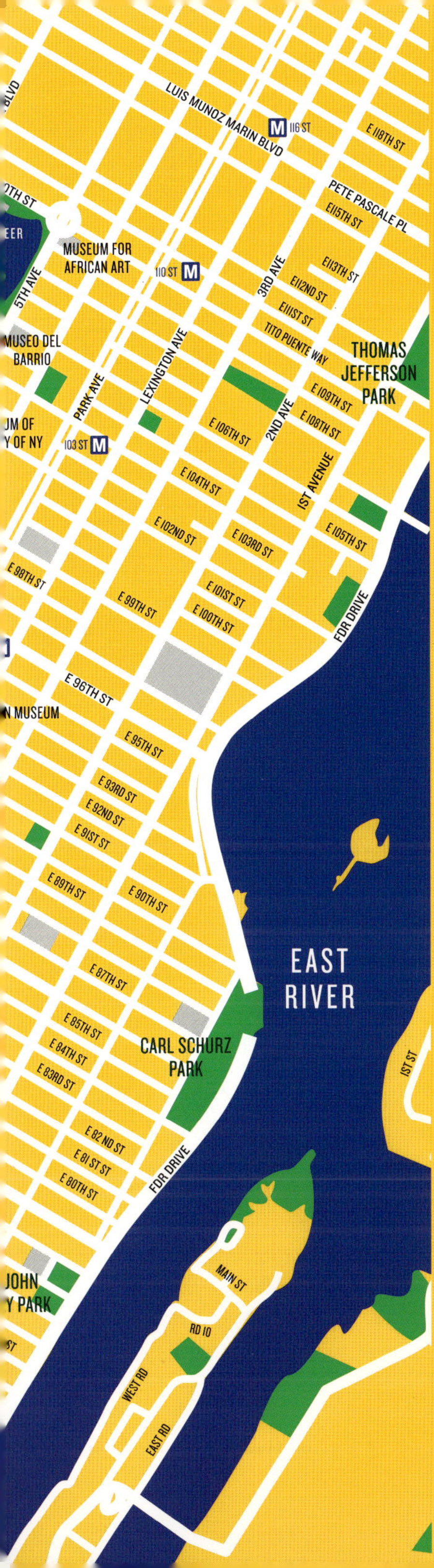

VERSTECKTE PLÄTZE IM CENTRAL PARK

CENTRAL PARK

2–3 STUNDEN

1. CENTRAL PARK SIGHTSEEING BIKE RENTAL
2. WOLLMAN ICE SKATING RINK
3. CENTRAL PARK CAROUSEL
4. THE DAIRY VISITOR CENTER AND GIFT SHOP
5. OLMSTED FLOWER BED
6. SHAKESPEARE & COLUMBUS STATUE
7. BALTO STATUE
8. BETHESDA FOUNTAIN
9. HANS CHRISTIAN ANDERSEN STATUE
10. THE LOEB CENTRAL PARK BOATHOUSE
11. ALICE IN WONDERLAND STATUE
12. CLEOPATRA'S NEEDLE
13. THE METROPOLITAN MUSEUM OF ART
14. FRED LEBOW STATUE
15. SOLOMON R. GUGGENHEIM MUSEUM
16. JACQUELINE KENNEDY ONASSIS RESERVOIR
17. NORTH MEADOW SOFTBALL FIELD 9
18. STRASSENLATERNE 102
19. CENTRAL PARK TENNIS CENTER
20. DELACORTE THEATER
21. SHAKESPEARE GARDEN
22. BELVEDERE CASTLE
23. STRAWBERRY FIELDS
24. SHEEP MEADOW
25. TAVERN ON THE GREEN
26. LE PAIN QUOTIDIEN
27. NEW YORK ATHLETIC CLUB
28. PETROSSIAN

Als wäre diese riesige grüne Lunge New Yorks nicht alleine schon genug, besitzt der Central Park eine Fülle weiterer Trümpfe. Schon mal was gehört von Strawberry Fields, vom Belvedere Castle oder dem Shakespeare Garden? Sie können im Park nach Herzenslust herumspazieren, das beste Mittel jedoch, um die ganze Vielfalt zu entdecken, ist das Fahrrad! Umso mehr, als Sie auf zwei Rädern problemlos bis zum Nordteil gelangen, den viele Touristen zu Unrecht vernachlässigen!

1 CENTRAL PARK SIGHTSEEING BIKE RENTAL

56th St. zwischen 5th und 6th Ave.
www.centralparksightseeing.com

Hier erhalten Sie ein Fahrrad plus Helm, Fahrradschloss und -korb. Bevor Sie losfahren, sollten Sie Bremsen, Reifen, Sattel, Gangschaltung und Fahrradständer prüfen. Alles in Ordnung? Dann steht einem guten Start nichts mehr im Wege. Central Park ist nicht weit, seien Sie jedoch vorsichtig, wenn Sie die 300 Meter zurücklegen. Und vergessen Sie nicht, dass das Muskelschmalz auf Ihre Kosten geht!

2 WOLLMAN ICE SKATING RINK

www.wollmanskatingrink.com
⌚ Mo–Di 10–14.30 Uhr, Mi/Do 10–22 Uhr, Fr/Sa 10–23 Uhr, So 10–21 Uhr

Diese Skaterbahn, die aktuell »Trump Skating Rink« heißt, weil auch Donald diese Betätigung schätzt, wird von Oktober bis April zu einer Eislaufbahn. Passen Sie gut auf Ihr Steißbein auf!

3 CENTRAL PARK CAROUSEL

In der Mitte des Parks, auf Höhe der 64th St.

Bereits das vierte Karussell an dieser Stelle (die drei Vorgänger fielen jeweils einem Brand zum Opfer). Das Meisterwerk aus dem Jahr 1908 kommt von Coney Island in Brooklyn. Für 3 Dollar pro Fahrt können sich kleine und große Kinder auf 57 Pferden verfolgen.

4 THE DAIRY VISITOR CENTER AND GIFT SHOP

In der Mitte des Parks, auf Höhe der 65th St.

1870, als Milchprodukte knapp waren, verteilte die Stadtverwaltung hier Frischmilch und Speiseeis an benachteiligte Kinder. Heute dient das viktorianische Cottage als Informationspunkt, und die einzigen Kühe, die hier gemolken werden, sind die Touristen im Souvenirladen.

5 OLMSTED FLOWER BED

Am Literary Walk, East 66th St.

Dieses Blumenbeet wurde 1972 anlässlich des 150. Geburtstags von Frederik Law Olmsted angelegt, einem der beiden Architekten des Central Park (der andere war Calvert Vaux). Es liegt am Anfang der berühmten Allee The Mall, die von Amerikanischen Ulmen gesäumt wird und zur Bethesda Terrace führt. The Mall ist der einzige gerade Weg im Central Park.

6 SHAKESPEARE & COLUMBUS STATUE

Am Literary Walk, East 66th St.

Am Literary Walk, dem ersten Abschnitt von The Mall, stehen viele Standbilder berühmter Schriftsteller, unter denen Christoph Kolumbus wie ein Eindringling wirkt. Vergisst man einmal die Wikinger, die Indianer und vielleicht noch die Chinesen, war natürlich er der Entdecker Amerikas, womit er sich sein Standbild redlich verdient hat. Warum wendet Shakespeare ihm dann so unhöflich den Rücken zu? Ganz einfach, weil der Sockel so schwer war, dass die Statue von selbst eine halbe Drehung gemacht hat. So erklärt sich auch, warum die Inschrift »hinten« ist.

7 BALTO STATUE

Central Park East, auf Höhe der 67th St.

Dieser Husky aus Alaska gilt als Nationalheld, seit das Hundeschlittengespann, dessen Leithund er war, 1600 Kilometer durch Schnee und Eis zurücklegte, um ein Team von Rettungskräften und lebenswichtigen Medikamenten erfolgreich ans Ziel zu bringen. Dank dieses tapferen Hundes entgingen zahlreiche Kinder im hohen Norden einer Diphterie-Epidemie.

8 BETHESDA FOUNTAIN

In der Mitte des Parks, auf Höhe der 72nd St.

Diese schöne Statue von 1842, die den Namen »Angel of the Waters« (»Engel über den Gewässern«) trägt, ist die einzige, die im ursprünglichen Entwurf für den Central Park vorgesehen war. Sie ist das Werk von Emma Stebbins, der ersten Künstlerin, die in New York einen offiziellen Auftrag erhielt, und erinnert an den Bau des Croton-Aquädukts, der die Stadt mit Frischwasser versorgte. Der Brunnen tauchte in zahlreichen Filmen und Serien wie »Kevin – Allein zu Haus« und »Stuart Little« auf und wurde dadurch zu einem echten Filmstar. *But please, no pictures!*

9 HANS CHRISTIAN ANDERSEN STATUE

Central Park East, auf Höhe der 74th St.

Zu seinem 150. Geburtstag bekam der weltbekannte Märchenerzähler ein Standbild im Central Park geschenkt, nicht weit vom Conservatory Water. Auf dem Standbild darf herumgeklettert werden: Gehen Sie mit gutem Beispiel voran!

10 THE LOEB CENTRAL PARK BOATHOUSE

East 72nd St. und 5th Ave.
www.thecentralparkboathouse.com
🕒 Mo–Fr 12–15.45 Uhr, Sa/So 9.30–16 Uhr.

Der Umgang mit einem Ruderboot ist ein Rätsel für Sie? Umso besser: So werden Sie unter den Touristen nicht weiter auffallen, die sich hier ein Boot mieten! Geübte Ruderer hingegen werden hin- und hergerissen sein zwischen Verärgerung und spöttischem Lachen. Wenn es nicht zu voll ist, sollten Sie auf das Vergnügen jedoch nicht verzichten. Sie können hier auch etwas essen, werden aber Mühe haben, ein touristischeres Lokal als das »Boathouse« zu finden. Stellen Sie sich auf eine Superaussicht, mittelprächtiges Essen, miserablen Service und ein Preis-Leistungs-Verhältnis zum Heulen ein.

11 ALICE IN WONDERLAND STATUE

Central Park East, auf Höhe der 75th St.

Noch ein Standbild zum Herumklettern! Keine Scheu also, auf dem Pilz neben Alice Platz zu nehmen. Der Menschenfreund George Delacorte, der das Werk zu Ehren seiner Frau Marguerite in Auftrag gegeben hat, hat es allen Kindern geschenkt. Hier verbringen die Kleinen eine vergnügliche Zeit.

12 CLEOPATRA'S NEEDLE

Central Park East, auf Höhe der 81st St.

Der ägyptische Obelisk ist der kleine Bruder des Londoner Obelisken. Mit ihrem ehrwürdigen Alter von 3500 Jahren ist diese massive, 220 Tonnen schwere »Nadel« die Seniorin im Central Park. Mehrere Monate, 32 Pferde und nicht gerade wenige Arbeitskräfte waren nötig, um die »Nadel« vom Hudson zu ihrem heutigen Standplatz zu bringen. Der Obelisk hat der Abnutzung durch die Jahre recht gut standgehalten, wegen der Luftverschmutzung wäre eine Restaurierung jedoch angesagt!

13 THE METROPOLITAN MUSEUM OF ART

1000 5th Ave. und 82nd St.
www.metmuseum.org
So–Do 10–17.30 Uhr, Fr/Sa 10–21 Uhr.

Mit 2 Millionen Objekten ist die eindrucksvolle Sammlung des Met die größte in den Vereinigten Staaten. Wenn Sie nicht gerade einen ganzen Monat Urlaub haben, müssen Sie sich also auf eine Auswahl beschränken! Macht sich irgendwann Müdigkeit bemerkbar, ist es wunderbar entspannend, auf dem Dach mit Blick auf den Central Park ein Gläschen zu trinken. Der Eintrittspreis ist nur ein Richtwert: Jeder bestimmt selbst, was er geben möchte.

14 FRED LEBOW STATUE

Central Park East, auf Höhe der 90th St.

Fred Lebow war der Organisator des ersten New-York-Marathons, der noch ausschließlich im Central Park stattfand. Bei der ersten Veranstaltung 1970 zählte man 127 Teilnehmer, heute sind es über 50 000. Seit Jahren ist das Standbild ein beliebter Treffpunkt für die Läufer. Während des Marathons steht es auf der Ziellinie, damit Fred die Sieger beglückwünschen kann.

15 SOLOMON R. GUGGENHEIM MUSEUM

1071 5th Ave. zwischen 88th und 89th St.
www.guggenheim.org
So–Mi und Fr 10–17.45 Uhr, Sa 10–19.45 Uhr.

Frank Lloyd Wright, der Architekt des Guggenheim Museums, sagte einmal, sein Projekt werde das Metropolitan Museum auf den Rang einer protestantischen Scheune verweisen. Damit hat er den Mund etwas voll genommen, auch wenn sich dieses von einer babylonischen Pyramide beeinflusste Bauwerk seinen Platz in der Kunstwelt erobert hat.

16 JACQUELINE KENNEDY ONASSIS RESERVOIR

Central Park, zwischen 86th und 97th St.

Früher lieferte dieser Speicher Wasser für die ganze Stadt New York, heute wäre er mit 3,8 Millionen Kubikmetern in knapp vier Stunden leer! Sein Name huldigt der ehemaligen First Lady Jacqueline Kennedy, die auf der Fifth Avenue wohnte und gerne im Park joggte.

17 NORTH MEADOW SOFTBALL FIELD 9

Central Park East, auf Höhe der 101st St.

Der Nordteil des Central Park ist deutlich weniger touristisch. Davon zeugen die zahlreichen Sportplätze, auf denen die New Yorker sich austoben können. *Wall Street Journal* hat alle Sportarten erfasst, die hier ausgeübt werden, und kam auf insgesamt 29, wobei die Eichhörnchenjagd unberücksichtigt blieb.

18 STRASSENLATERNE 102

An der Laterne 102 biegen Sie links ab! Es sei denn, Sie haben den Mut, bis auf den Gipfel des Great Hill zu radeln, um das gepunktete Trikot zu erobern. In diesem Fall fahren Sie geradeaus weiter, um den letzten Teil des Central Park zu erkunden.

19 CENTRAL PARK TENNIS CENTER

Central Park West, auf Höhe der 96th St.
www.centralparktenniscenter.com
Tgl. 6.30–20 Uhr

In Manhattan ist Grund und Boden teuer, und Sportplätze sind selten. Dies gilt jedoch nicht für den Central Park, wo es etwa 30 davon gibt. Auch ideal für eine Pipi-Pause oder einen kleinen Imbiss.

20 DELACORTE THEATER

81 Central Park West, in der Mitte des Parks, auf Höhe der 80th St.

Tgl. 10–19 Uhr.

»*To be or no to be, that's the question.*« Über die Antwort besteht kein Zweifel! In diesem Open-Air-Theater können Sie jeden Sommer kostenlose Theateraufführungen von Shakespeare-Stücken sehen. Vorausgesetzt, Sie kommen rechtzeitig, um sich eine Eintrittskarte zu holen. Mit etwas Glück wird Ihnen diese fabelhafte Sommertradition die Möglichkeit geben, auf der Bühne Berühmtheiten wie Meryl Streep und Al Pacino zu bewundern.

21 SHAKESPEARE GARDEN

In der Mitte des Parks, auf Höhe der 79th St.

Tgl. 10–17 Uhr.

Da wir gerade von dem englischen Stückeschreiber sprechen ... Bevor Sie das Belvedere Castle erreichen, kommen Sie durch den Shakespeare-Garten. Es ist natürlich nicht sein Landbesitz, aber ein Ort, an dem alle Blumen und sonstigen Pflanzen vereint sind, die in seinen Werken genannt werden. Da dort zum Glück kaum Löwenzahn, Stinkmorcheln und Kakteen gedeihen, ist dieser Garten wirklich hinreißend.

22 BELVEDERE CASTLE

In der Mitte des Parks, auf Höhe der 79th St.

Nun ist die Zeit gekommen, den höchsten Punkt im Central Park zu besuchen. Wie der Name sagt, ist die Aussicht hier großartig. Das malerische Mini-Schloss von 1865 hatte übrigens nie eine andere Funktion. Hier schlägt man sich nur um den besten Fotografierplatz. Vorsicht jedoch vor »Gargamel«! Seit dem Film von 2011 (»Die Schlümpfe«) treibt sich der böse Zauberer in der Gegend herum, immer auf der Suche nach Schlümpfen, die er sich schnappen könnte ...

23 STRAWBERRY FIELDS

Central Park West, von der 71st bis zur 74th St.

Die Gedenkstätte für John Lennon verdankt ihren Namen dem Beatles-Song »Strawberry Fields Forever«. Lennons Witwe, Yoko Ono, wohnt noch immer direkt gegenüber im Dakota Building, wenige Schritte von der Stelle entfernt, an der Lennon 1980 erschossen wurde. Straw-berry Fields ist mit der Zeit ein Ort der Andacht geworden, an dem man auch so tragischer Ereignisse wie denen des 11. September gedenkt.

24 SHEEP MEADOW

Central Park West, von der 66th St. bis zur 69th St.

Während der Großen Depression brachte man die Schafe, die hier weideten, auf weniger exponierte Wiesen, aus Furcht, die ausgehungerten Bürger könnten sich an ihnen vergreifen. Heute eignet sich der Platz wunderbar für ein Sonnenbad oder ein Picknick vor einer einmaligen Kulisse aus Natur und Architektur.

25 TAVERN ON THE GREEN

Central Park West & 67th St.

www.tavernonthegreen.com

Mo–Fr 11–1 Uhr, Sa/So 9–1 Uhr.

Hier wird das Essen in einem der schicksten Schafställe der Welt serviert. Als seine ersten Bewohner die Örtlichkeit verlassen mussten, wurde er in ein inzwischen berühmt gewordenes Lokal umfunktioniert, die »Tavern on the Green«. Lange war sie wegen finanzieller Probleme geschlossen, inzwischen bereitet sie Feinschmeckern wieder einen guten Empfang.

26 LE PAIN QUOTIDIEN

In der Mitte des Parks, auf Höhe der 69th St.

www.lepainquotidien.com/us

Tgl. 7–16 Uhr.

Inzwischen gibt es in New York bereits mehr Filialen als im Ursprungsland. An

Spitzentagen kann es passieren, dass Sie länger anstehen müssen – auch vor den Toiletten.

27 NEW YORK ATHLETIC CLUB

180 Central Park South

www.nyac.org

Rund um die Uhr geöffnet.

Nur wenige Sportclubs können sich mit einer olympischen Erfolgsbilanz brüsten, die vergleichbare wäre mit der des NYAC, der unter seinen Mitgliedern Dutzende von Medaillenträgern zählt. Mit 24 Etagen, die sich dem Sport und der Entspannung widmen, ist dieses Gebäude das soziale und sportliche Herz des Clubs.

28 PETROSSIAN

182 W 58th St., zwischen 5th und 6th Ave.

www.petrossian.com

So–Do 11.30–15 und 17–23 Uhr, Fr/Sa 11.30–15 und 17.30–23 Uhr.

Nun, wo Sie den Park wieder verlassen haben, sollten Sie sich besser nicht mehr ablenken lassen. Außer durch die Terrakotta-Fassade dieses einmaligen und unter Denkmalschutz stehenden Gebäudes im französischen Renaissancestil, in dem sich das russische Restaurant »Petrossian« befindet. Kaviar und Räucherlachs garantieren eine erstklassige Mahlzeit.

Arul

EIN REICH AUS KACKE

SANA VITA
145 East,
16th St.
sanavita.org

Arul, warmherzig und faszinierend, ist die Mama von Seven Lightening und Naturele Dominique. Sie führt eine Praxis für ganzheitliche Darmreinigung, macht Yoga und Pilates und übt zu Hause die akrobatischen Tanzübungen an der senkrechten Stange, die sie jede Woche in ihrem Pole-Dance-Kurs lernt. Ihr kleines Unternehmen Sana Vita, das sie aus dem Nichts aufgebaut hat, ist auf *Colon Cleansing* oder Colon-Hydro-Therapie (Darmspülung) spezialisiert. Um mit ihren Worten zu sprechen: »*She built an empire on poop.*« (»Sie hat ein Reich auf Kacke aufgebaut.«). Ein Reich, das derzeit 30 Angestellte beschäftigt.

Arul und ich haben uns gegenseitig beim Start unseres jeweiligen Unternehmens unterstützt. Sie verdient größten Respekt für das, was sie auf die Beine gestellt hat. Als alleinerziehende Mutter ein Unternehmen zu gründen ist kein Honiglecken, noch dazu, wenn sich dieses Unternehmen mit der Darmpassage beschäftigt. Damals drängten sich die Menschen nicht gerade vor ihrer Tür!

Aber die Zeiten haben sich geändert. »*People are dying to talk about poo*« (»Die Leute sind wild darauf, über ihre Kacke zu reden«), bekräftigt sie. Alle ihre Kunden behalten den durchsichtigen Teil des Gerätes genau im Blick, um den Weg der Ausscheidungen zu verfolgen. Arul meint, das sei typisch für die New Yorker: Sie wollen mit eigenen Augen sehen, wo ihre Dollars hingehen. Also gönnen sie sich eine Colon-Hydro-Therapie – Liveshow im Preis inbegriffen.

Arul schwärmt für New York. Sie liebt die Stadt und ihre Bewohner. Und allen Gerüchten zum Trotz, wonach Familien mit Kindern hier Probleme haben, kann sie sich keinen besseren Ort vorstellen, um ihren Sohn und ihre Tochter großzuziehen. Fragt man sie warum, wird sie geradezu poetisch, erwähnt die herzliche, offene und tolerante Gemeinschaft, deren Mitglieder sich gegenseitig in einem Umfeld helfen, in dem man jederzeit seine Chancen findet, vorausgesetzt, man hat den Mut, sie auch zu ergreifen.

Und an Mut mangelt es ihr nicht. Ihr letzter Freund war ein Typ, dem sie in der Metro begegnet ist. Sie ging direkt auf ihn zu und fragte ihn, ob er Lust habe, mit ihr ins Kino zu gehen. Es war der Beginn einer Beziehung, die drei Jahre gehalten hat. Aruls Lebenseinstellung hat ihr Glück gebracht … und sie in die Lage versetzt, ihre Schäfchen ins Trockene zu bringen.

Tipp von Arul

MR. SUNDAY
(an verschiedenen Orten)
www.mistersaturdaynight.com

»Mr. Sunday« ist eine Open-Air-Party, die in den Sommermonaten jeden Sonntag in Brooklyn stattfindet. Sie beginnt am frühen Abend, die Atmosphäre ist einladend und herzlich, und alle Altersgruppen sind willkommen. Selbst Ihr Vierbeiner darf Sie begleiten. Vorausgesetzt, er mag House-Musik. Gegenseitiger Respekt und Spaß für alle sind die Grundzutaten dieser Sommerveranstaltungen.

Zen York

New York City lässt sofort an Menschenmengen, Stress und ein hektisches Leben denken. Wer das Gegenteil behauptet, ist niemals hier gewesen. Die Stadt hat aber auch denen viel zu bieten, die Ruhe und ein gesundes Leben suchen. Neben den unzähligen Parks, Galerien, Kulturzentren und Museen gibt es auch Massagesalons, Spas und Wellnesszentren. Außerdem genießen Tai Chi, Yoga und Meditation hier sehr große Beliebtheit. Und auf der kulinarischen Seite gibt es ständig mehr Restaurants, die glutenfreies, vegetarisches oder veganes Essen anbieten. Wenn Sie jedoch die Hektik in Manhattan nicht gut aushalten, warum dann nicht die anderen *Boroughs* besuchen? Die Möglichkeiten sind so zahlreich, dass sie sich einer erschöpfenden Aufzählung entziehen: der Botanische Garten und der Bronx Zoo, der Prospect Park in Brooklyn und der Astoria Park in Queens sind nur einige der Örtlichkeiten, die Ihren Stresspegel wieder normalisieren können. Und wenn das alles noch nicht ausreicht, ist das Wasser ein äußerst beruhigendes Element. In ganz New York können Sie spazieren gehen, Rad fahren, angeln, einen Film anschauen, feiern, essen, ausgehen etc., und zwar alles am Wasser. Die Krönung der Entspannung ist eine Fahrt auf einem Segelschiff, fern von allen Inseln und bekannten Brücken. Sobald Sie aus dem Hafen ausfahren, lassen Sie den Lärm der Menge hinter sich, um Stille, Natur und die überwältigende Weite zu genießen.

MANHATTAN YACHT CLUB

North Cove Marina, 385 South End Ave.

www.myc.org

Dieser Jachthafen liegt in der Nähe des Battery Parks und des ehemaligen World Financial Center/der neuen World Trade Center. Die Jacht *Arabella* dient allen Segelliebhabern New Yorks als Clubhaus.

New Patrick

RENEW DAY SPA

42 Bowery, Chinatown

www.renewdayspa.net

Tun Sie Ihren müden Füßen einen Gefallen: Nach all diesem Hin und Her durch die Stadt haben sie es sich verdient. Ich gehe regelmäßig ins Renew Day Spa. Kein Luxusrahmen (eher das Gegenteil), aber hier bekommt man die besten Fuß- oder Ganzkörpermassagen in New York City. Für einen sehr günstigen Preis – 22 bzw. 36 Dollar – verlassen Sie das Haus nach einer Stunde wie neu geboren.

Brooklyn

Jessica

MEIN KÖRPER – MEIN TEMPEL

In New York begegnet man dem Klischee des fettleibigen Amerikaners nur selten in Fleisch und Blut. Und wenn, handelt es sich mit ziemlicher Sicherheit um einen Touristen. Die New Yorker sind nämlich *Health Freaks*. Alle befolgen eine Diät oder Entgiftungskur, und fast alle sind Mitglied in einem Fitness-Club. Ich verdanke meine Mitgliedschaft Jessica. Sie ist Geschäftsführerin im Equinox, einem der ausgefallensten Fitness-Clubs in New York, und hat mich in die sagenhafte Welt der Workouts eingeführt.

Wenn man Jessica kennt, wundert man sich nicht, dass sie an der Spitze von Equinox in Brooklyn steht. Als guter Hipster hat sie ihren perfekten Body mit einer ganzen Sammlung von Tätowierungen zur Geltung gebracht. Insbesondere trägt sie am rechten Arm die Inschrift »Brooklyn«. Muss ich mehr sagen?

Was in »ihrem« Equinox so alles geboten wird, ist verblüffend. Während Sie sich auf dem Laufband verausgaben, trocknet man Sie mit Handtüchern ab. Und sobald Ihr Puls wieder sinken darf, verschaffen Ihnen weitere Handtücher aus dem Kühlschrank – mit Eukalyptus – die gewünschte Erfrischung. Die Duschen finden auch unter den Anspruchsvollsten ihre Fans. Ergebnis: Dieser Fitness-Club lässt manchmal eher an ein Wellness-Center denken – es sind zwei Einrichtungen, die in dieser Stadt der Reichen und Superreichen absolut angesagt sind.

Jessica ist eine wunderbare Lehrerin, und ich zögere nicht, ihre Talente in Anspruch zu nehmen. Kürzlich bekam ich den Auftrag, für etwa 40 Leute eine morgendliche Gymnastikstunde im Central Park zu organisieren. Jessica war von der Idee begeistert und hat den Versuch bereits mehrmals mit Kunden von BE NY im Park wiederholt.

Sport und Entspannung im Central Park sind zwar typisch für New York, genauso typisch ist jedoch leider auch die Hektik der Stadt. Obgleich Jessica und ich gut befreundet sind, habe ich sie schon recht lange nicht mehr gesehen. Früher oder später wird sie wieder auf der Bildfläche auftauchen, momentan jedoch wird sie von ihrer Arbeit und ihren Beziehungen in Beschlag genommen. Eine typische Situation in New York.

Tipp von Jessica

FREEMAN'S RESTAURANT IN DER FREEMAN ALLEY

In der Lower East Side schlängelt sich eine kleine Straße zwischen Bowery Street und Chrystie Street. Freeman Alley ist eine Querstraße der Rivington Street und führt direkt zu »Freeman's Restaurant«, das von Hipstern geführt wird. Das Essen in diesem rustikalen Jagdhaus-Ambiente voller ausgestopfter Tiere kann nicht genug gelobt werden, der Brunch ist ein Muss. Unbedingt den Artischocken-Dip probieren!

Illegale Tinte

Ob Sie es glauben oder nicht, bis 1997 durften Tätowierer ihren Beruf in New York nicht ausüben. Das Verbot war die Folge einer Hepatitis-B-Epidemie in den 60er-Jahren, die die Behörden dazu gebracht hatte, wegen Hygienemängel Tätowierungen und viele weitere Dinge zu untersagen. Den Anhängern, die gegen die Entscheidung Berufung einlegten, erklärte das Gericht, »nur morbide und anomale Persönlichkeiten könnten sich mit solch barbarischen Aktivitäten befassen«. Allerdings kann man davon ausgehen, dass bereits vor der Aufhebung dieses albernen Gesetzes 1997 wieder zahlreiche Tattoo-Shops in New York aufgetaucht waren.

Tattoo-Shops in New York

EAST SIDE INK

97 Ave. B zwischen 6th und 7th St.

www.eastsideinktattoo.com

In diesem Salon, der bereits vor der offiziellen Genehmigung existierte, bekommt man eine professionelle Arbeit und auch *Laser Removals*, falls man seinen Entschluss (zu spät) ändert. Popdiva Rihanna fühlt sich hier wie zu Hause. Sie hat den Inhabern sogar eine Menge Ärger eingehandelt, als sie sich selbst mit einer Nadel tätowierte und Fotos davon im Internet postete. Die Polizei hat diesen Übereifer mit einer Geldstrafe vergolten: Tätowieren ohne die erforderliche Lizenz ist ein *misdemeanor* (Vergehen), für das 2000 Dollar fällig werden. Dieser Betrag dürfte Rihanna in tiefe Verzweiflung gestürzt haben!

NEW YORK ADORNED

47 2nd Ave. zwischen 2nd und 3rd St.

www.nyadorned.com

Bei New York Adorned sind die Tätowierer erfahrene Profis, den äußeren Rahmen gibt es als Dreingabe. Das ist nur gerecht, denn die Tarife schwanken zwischen 150 und 200 Dollar pro Stunde. Zuzüglich *Sales Tax* (Mehrwertsteuer) selbstverständlich. Immer noch besser jedoch, als mit einem falsch buchstabierten Wort oder 53 Sternen im Gesicht den Laden zu verlassen …

RESERVIERUNG ERBETEN

Angesehene Tattoo-Salons haben in der Regel lange Wartelisten. Also rechtzeitig einen Termin geben lassen!

I bui

an en

on po

lt

npire

oop.

ARUL

* Ich habe ein Reich auf Kacke aufgebaut.

Robert

EIN BILDSCHÖNER PARK

Auf der Suche nach dem idealen Fotografen für dieses Buch, stieß ich schließlich auf Robert, einen guten Freund von Allison. Zu den Dingen, auf die ich besonders stolz bin, gehört, dass ich ihn davon überzeugen konnte, bei diesem Projekt mitzuwirken. Denn dieser New Yorker von der Upper West Side ist nicht irgendwer.

Für die *New York Times* hat er die Größen dieser Welt abgelichtet. Nicht jedem wird es zuteil, von Alec Baldwin den Auftrag für eine Reihe Porträtfotos zu bekommen oder beim Finale der *World Series* (dem Hochamt des Baseballs) neben Alicia Keys und Jay-Z in einem übervollen Stadion zu sitzen. Für das Buch von Justin Bieber ist er sogar einige Monate lang in Gesellschaft dieses Teenie-Idols kreuz und quer durch die Welt gereist. Natürlich immer mit Ohrstöpseln versehen! Während des Benefizkonzerts nach dem Hurrikan »Sandy« konnte er einen ganzen Tag lang mit Kanye West, den Rolling Stones, Paul McCartney, Billy Joel und Bon Jovi Freundschaft schließen.

Außerdem ist Robert für einen Stadtführer eine großartige Informationsquelle. Durch seine Arbeit erhält er Zugang zu Orten, die für Normalsterbliche unerreichbar sind. Und selbst wenn dort Publikum nicht willkommen ist, sind die gelieferten Informationen immer interessant.

Robert ist in den Central Park verliebt. Das geht so weit, dass er sofort jeden Auftrag annimmt, der mit dieser Grünfläche zu tun hat. Er hat mir dort bereits eine Fülle bezaubernder Orte gezeigt wie den von blühenden Kirschbäumen gesäumten märchenhaften Weg südöstlich vom Reservoir. Oder das nicht weniger bezaubernde Nord-Ost-Ende von The Lake, wo er seine Freundin geheiratet hat. Je weiter man Richtung Norden kommt, auf desto weniger Touristen trifft man und desto zahlreicher sind die *locals* (Einheimischen) im Park. Kurzzeitig kann man dort mit etwas Glück sogar ganz alleine sein. Und das mitten in einer Stadt mit mehreren Millionen Einwohnern!

Tipps von Robert

CHERRY BLOSSOM BRIDLE PATH

Von den etwa 500 japanischen Yoshino-Kirschbäumen, die zum Charme des Central Parks beitragen, befinden sich viele im Westen, auf Höhe der 90th Street am Bridle Path (Saumpfad).

ORIENTIERUNG IM CENTRAL PARK

Vertrauen Sie bei der Orientierung im Park den Straßenlaternen. Bei den meisten finden Sie unten am Laternenpfahl eine Nummer. Die ersten beiden Ziffern verweisen auf die Straße, die an dieser Stelle zum Park führt. Wenn Sie also beispielsweise 7902 lesen, wissen Sie, dass Sie sich auf Höhe der 79th Street befinden. Unmöglich also, sich zu verirren.

RIVERSIDE PARK

Wenn Sie in der Nähe der Upper West Side sind, sollten Sie es nicht versäumen, den Riverside Park am Westufer von Manhattan zu besuchen. Dort können Sie, zu Fuß oder mit dem Rad, in aller Ruhe herumstromern und den großartigen Blick auf den Hudson genießen. Hier fühlen Sie sich wirklich wie auf einer Insel.

Tipps von Patrick

THANKSGIVING DAY PARADE BALLOON INFLATION

77th St. und Central Park West
social.macys.com/parade

Die »Thanksgiving Day Parade« ist ein weltbekanntes Ereignis, das jedes Jahr 3,5 Millionen Besucher anzieht und auch eine Menge Einheimische fasziniert. Am Vortag kann man dabei zuschauen, wie die Riesenballons für den Umzug aufgeblasen werden. Eine Attraktion für sich und eine angenehme Alternative für alle, die sich vor den Menschenmassen beim Umzug fürchten.

DIE WASCHBÄREN IM CENTRAL PARK

So niedlich sie auch wirken, täuschen Sie sich nicht: Die rund 300 Waschbären im Central Park haben Krallen und scharfe Zähne und können sich sehr aggressiv zeigen. Es ist zum Glück selten, aber Geschichten über Spaziergänger, die mit einem unfreundlichen Waschbären zu kämpfen hatten, kursieren regelmäßig im Park. Zudem hat sich bei Kontrollen gezeigt, dass die kleinen Säugetiere Überträger von Tollwut und weiteren unangenehmen Krankheiten sein können. Da die Waschbären den Menschen nicht fürchten, ist es besser, wenn der Mensch sich von ihnen fernhält!

TAVERN ON THE GREEN

67th St. und Central Park West
www.tavernonthegreen.com

Nach vierjähriger Pause wegen finanzieller Probleme ist eines der bekanntesten Restaurants der Vereinigten Staaten wieder da. Die »Tavern on the Green« hat ein Angebot von Donald Trump abgelehnt, hat sich eine spektakuläre Verjüngungskur gegönnt und kann heute 700 Gästen Platz bieten. Von der alten Einrichtung ist so gut wie nichts übrig geblieben, und auch die Speisekarte wurde vollständig erneuert. Bedenkt man die großartige Lage, sind die Preise nicht übertrieben. Ein Hauptgericht kostet zwischen 25 und 55 Dollar, die meisten Spezialitäten bleiben aber unter 30 Dollar.

FAST FACTS

- 1857 von Frederik Olmsted und Calvert Vaux entworfen.
- Der gesamte Park ist angelegt. So können sämtliche Wasserläufe nach Belieben gestoppt und wieder in Gang gesetzt werden.
- Der Central Park ist eineinhalbmal so groß wie Monaco.
- Bis 1975 fand der berühmte New-York-Marathon ausschließlich im Central Park statt.
- In seiner Entstehungszeit befand sich der Park noch außerhalb der Stadt. Viele unternahmen einen Ausflug dorthin, um für ein paar Stunden der New Yorker Hektik zu entfliehen.
- Die Stadt hat für den Grund des Central Park 5 Millionen Dollar bezahlt. Heute wird der Gesamtwert des Parks auf 530 Milliarden Dollar geschätzt.

FUN FACT

Die neuen Betreiber der »Tavern on the Green« sind der Stadt gegenüber verpflichtet. Für ihre Konzession müssen sie im ersten Jahr 6 Prozent ihres Umsatzes ausspucken, mindestens jedoch 1 Million Dollar. Damit dies gelingt, müssen Sie mindestens 17 Millionen Dollar Umsatz machen, das entspricht 600 Gedecken unter der Woche und 1200 am Wochenende. Das ist nicht leicht, jedoch hat das Restaurant in der Vergangenheit mehrfach einen Jahresumsatz von beinahe 40 Millionen Dollar erreicht.

Central Park in Zahlen

Central Park ist eine der größten Parkanlagen der Welt und die grüne Lunge von New York. Er erstreckt sich von der 5th Avenue bis zu 8th Avenue und von der 59th Street bis zur 110th Street und ist damit 0,8 Kilometer breit und 4 Kilometer lang.

Ohne diese grüne Oase wäre New York fast unerträglich. Grünflächen nehmen nur 14 Prozent der Stadtfläche ein, davon fallen allein 6 Prozent auf den Central Park. Die Bezeichnung »Park« wird diesem Wunderwerk jedoch nicht gerecht. Der am meisten besuchte Park der Vereinigten Staaten ist eher eine Stadt für sich. Dort ist immer etwas los, von Schachturnieren über Hundeausstellungen bis zu kostenlosen Massagesitzungen. Ein Ort, den man sehen und erleben muss, ob als Tourist oder New Yorker.

CENTRAL PARK

20 000
BÄUME

JAHRES-
BUDGET
58
MILL.
DOLLAR

30
TENNIS-
PLÄTZE

40
MILLIONEN
BESUCHER

100
KILOMETER
WEGE

9.000
BÄNKE

1.400
ZOO-
TIERE

1000
DUTZEND
EICH-
HÖRN-
CHEN

26
BASEBALL-
PLÄTZE

300
WASCHBÄREN

200 VOGELARTEN

21 SPIELPLÄTZE

1 SCHLOSS
AUDITORIUM
MUSEUM
MARIONETTENTHEATER
GALERIE
KARUSSELL
WETTERSTATION
POLIZEI

36 BRÜCKEN

IN ÜBER 240 FILMEN ZU SEHEN

2 BASKETBALLPLÄTZE
RESTAURANTS
EISLAUFPLÄTZE

12 HANDBALLPLÄTZE

3.4 KM² FLÄCHE

ERÖFFNET 1857

7 SEEN

SPAZIERGANG

5

HOLY HARLEM

HARLEM

HUDSON RIVER
RIVERSIDE STATE PARK
137 ST / CITY COLLEGE
W 142ND ST
W 138TH ST
CONVENT AVE
CITY COLLEGE OF NEW YORK
EDGECOMBE AVE
W 141ST
W 140TH ST
BROADWAY
W 132ND ST
W 131ST ST
W 134TH ST
W 133RD ST
W 135TH ST
135 ST
ST NICHOLAS PARK
W 137TH ST
W 136TH ST
W 129TH ST
AMSTERDAM AVE
WEST HARLEM
ST NICHOLAS AVE
125 ST
DR MARTIN LUTHER KING JR BLVD
CONVENT AVE
FREDERICK DOUGLASS BLVD
W 134TH ST
ADAM CLAYTON POWELL JR BLVD
W 128TH ST
W 133RD ST
LA SALLE ST
MALCOLM X BLVD
SEMINARY ROW
W 123RD ST
125 ST
W 127TH ST
W 121TH ST
W 125TH ST
W 126TH ST
RIVERSIDE DRIVE
MORNINGSIDE HEIGHTS
W 124TH ST
HARL
MORNINGSIDE AVE
MANHATTAN AVE
W 122ND ST
125 ST
RIVERSIDE PARK
COLOMBIA UNIVERSITY
MORNINGSIDE DRIVE
LENOX AVE
ST NICHOLAS AVE
ADAM CLAYTON POWELL JR BLVD
W 113RD ST
W 114TH ST
W 117TH ST
118 ST
W 116TH ST
W 119TH ST
MT MORRIS PARK W
MARCUS GARVEY MEMORIAL PARK
W 112ND ST
W 111TH ST
MORNINGSIDE PARK
W 118TH ST
EDRAL PKWY
W 110TH ST
W 115TH ST
W 120TH ST
CATHEDRAL PKWY
W 108TH ST
W 109TH ST
116 ST
W 107TH ST
W 112ND ST
E 117TH ST
WEST END AVE
W 111TH ST
LUIS MUNOZ MARIN BLVD
CATHEDRAL PKWY (110 ST)
W 106TH ST
CENTRAL PARK N
MALCOLM X BLVD
AMSTERDAM AVE
W 105TH ST
CENTRAL PARK NORTH (110 ST)
W 104TH ST
CENTRAL PARK WEST
W 102ND ST
CENTRAL PARK
110TH ST
W 101ST ST
W 100TH ST
COLUMBUS AVE
MANHATTAN AVE
103 ST
WEST DR
MUSEUM FOR AFRICAN ART
110 ST
LEXINGTON AVE
01
02
03
04
05
06
07
08
09
10
11
12
13
15
19

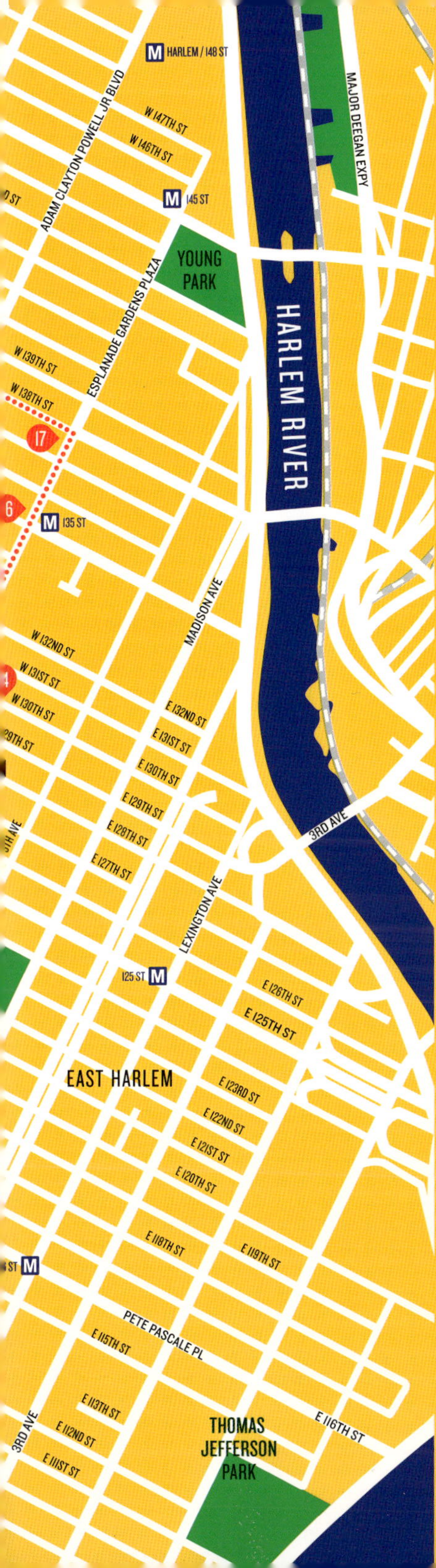

HOLY HARLEM

HARLEM

3–4 STUNDEN

1. SUBWAY STOP B, C
2. HUNGARIAN PASTRY SHOP
3. THE CATHEDRAL CHURCH OF ST. JOHN THE DIVINE
4. TOM'S RESTAURANT
5. COLUMBIA UNIVERSITY
6. RIVERSIDE CHURCH
7. GENERAL GRANT NATIONAL MEMORIAL
8. AMC MAGIC JOHNSON HARLEM 9
9. APOLLO THEATER
10. HOTEL THERESA
11. THE STUDIO MUSEUM IN HARLEM
12. RED ROOSTER
13. CLINTON'S OFFICE
14. ASTOR ROW HOUSES
15. HARLEM YMCA
16. SCHOMBURG CENTER FOR RESEARCH IN BLACK CULTURE
17. MISS MAUDE'S SPOONBREAD TOO
18. ABYSSINIAN BAPTIST CHURCH
19. STRIVERS' ROW

Sind Sie bereit für die Erkundung dieses etwas anderen Viertels im Norden Manhattans? Begeisternde Gospels, göttliches *Soul Food* (die traditionelle Küche der Afroamerikaner), überraschende Kunst und Kultur, ansprechende Architektur … Unterwegs werden Sie bemerken, dass Harlem allen Aspekten der Gesellschaft seinen Stempel aufgedrückt hat, angefangen bei Musik über Religion und Menschenrechte bis hin zur Gastronomie. Das gilt nicht nur für New York, sondern für die gesamten Vereinigten Staaten und darüber hinaus. Auf diesem Spaziergang werden Sie alle Elemente entdecken, die Harlem so einmalig machen. Heiliges Land der schwarzen Gemeinde und weltweites Kulturerbe von unschätzbarem Wert … dieses »Holy Harlem« muss Ihnen einfach gefallen!

1 SUBWAY STOP B, C

110th und Central Park West

Ihr Pilgerweg beginnt über diesen steilen Hügel. Kehren Sie dem Central Park den Rücken und wenden Sie Ihre Schritte gen Westen. Und los geht's, jetzt ist Klettern angesagt!

2 HUNGARIAN PASTRY SHOP

1030 Amsterdam Ave. zwischen 110th und 111th St.

🕒 Mo–Fr 8–23.30 Uhr, Sa/So 8.30–23.30 Uhr.

Wenn Sie nach dieser hübschen Anstrengung noch nicht auf allen Vieren daherkommen, biegen Sie rechts in die Amsterdam Avenue ein. Bevor Sie zum heiligen Abendmahl gehen, genehmigen Sie sich ein leckeres Frühstück mit Kaffee und Hefegebäck in dieser ungarischen Bäckerei. Oder Sie heben sich dieses Vergnügen noch auf und besichtigen zuerst die Kathedrale.

3 THE CATHEDRAL CHURCH OF ST. JOHN THE DIVINE

1047 Amsterdam Ave. zwischen 110th und 113th St.

www.stjohndivine.org

🕒 Mo–So 7.30–18 Uhr.

Der heilige Johannes muss weiterhin Geduld an den Tag legen, denn dieses kirchliche Gebäude, das eine der größten Kathedralen der Welt werden soll, ist noch längst nicht fertig. Zwei Weltkriege und ein Brand haben den Bau weiter verzögert, ein Meisterwerk, das nach nur 120 Jahren Bauzeit aber immerhin soweit existiert. Nehmen Sie sich die Zeit, die Buntglasfenster genau zu betrachten. Neben biblischen Episoden werden Sie dort auch moderne Szenen entdecken wie den Untergang der *Titanic*, Autorennen und den Prototyp eines Fernsehers.

4 TOM'S RESTAURANT

2880 Broadway

www.tomsrestaurant.net

🕒 So–Mi 6–1.30 Uhr, Do–Sa rund um die Uhr.

Dieser Imbiss ist für jeden Studenten der Columbia University, den nachts der kleine Hunger ereilt, ein Zufluchtshafen. Suzanne Vega wurde davon zu ihrem berühmten Lied »*Tom's Diner*« inspiriert (wenn Sie es hören, werden Sie es bestimmt kennen), und Jerry aus der beliebten TV-Serie »*Seinfeld*« hat hier regelmäßig gegessen. Das Gebäude gehört übrigens der Columbia University. Und das Barnard College, die Akademie der Freien Künste von Columbia, an der Suzanne Vega studiert hat, ist an der Straßenecke. *Tu tu tu du, tu tu du du ...*

5 COLUMBIA UNIVERSITY

116th und Broadway

www.columbia.edu

Auf diesem eindrucksvollen Universitätsgelände bereiten sich die Intelligenzbestien zu ihrem Höhenflug vor. Nicht weniger als 43 Nobelpreisträger und 29 Staatschefs – darunter Barack Obama – haben ihr Diplom an dieser angesehenen »Ivy-League«-University (die »Ivy League« setzt sich aus Sportmannschaften der acht Elite-Unis der USA zusammen) geschafft. Bevor Sie jedoch in der Hoffnung, eines Tages zu den Größen dieser Welt zu zählen, Kurs auf die Einschreibung nehmen, sollten Sie wissen, dass die Studiengebühren für ein Jahr hier 45 000 Dollar kosten!

6 RIVERSIDE CHURCH

490 Riverside Drive und 22nd St.

www.theriversidechurchny.org

Tgl. 7–22 Uhr.

John Rockefeller (der mit Geld und Erfolg Verwöhnte) steht hinter dieser imposanten Kirche. Im übertragenen Sinn natürlich. Daher war er auch der glückliche Besitzer des größten Glockenspiels der Welt, das sich etwa 120 Meter über Straßenniveau befindet. Auch die Gemeinde ist finanziell gut ausgestattet: Mit einem Jahresbudget von 14 Millionen Dollar beschäftigt sie über 120 Personen!

7 GENERAL GRANT NATIONAL MEMORIAL

Riverside Drive und 123rd St.

www.nps.gov

Mi–Mo 9–17 Uhr.

Ulysses Grant, Oberbefehlshaber der US-Armee und 18. Präsident der Vereinigten Staaten, konnte fanatische Rassisten nicht leiden. Er siegte im amerikanischen Bürgerkrieg, bekämpfte den Ku-Klux-Klan und kämpfte für die Bürgerrechte der Schwarzen. Damit hat er sich dieses Denkmal redlich verdient. »*Let us have peace*«, sagte er bei seiner Nominierung zum Präsidenten. Auf nationaler Ebene ist ihm diese Mission gelungen, zu seinem persönlichen Pech haben seine Bewunderer jedoch dafür gesorgt, dass er in diesem Mausoleum bis ans Ende aller Tage mit seiner Ehefrau vereint ist.

8 AMC MAGIC JOHNSON HARLEM 9

2309 Frederick Douglass Blvd. Ecke 124th St.

www.amctheatres.com

Nach seiner Basketball-Karriere wollte Mister Johnson an den Erfolg anknüpfen und wurde Geschäftsmann. Als guter Magier zauberte er ein kleines Imperium aus dem Hut, insbesondere bestehend aus Best Buy, der Restaurantkette T.G.I.F., einem Immobilienbüro und der Kinokette »Magic Johnson«, die er zwar wieder abgestoßen hat, die jedoch noch immer seinen Namen trägt. Wenn Sie einen Film sehen möchten, müssen Sie hierher kommen. »Müssen« ist nicht so dahingesagt, denn dies ist das einzige Kino in Harlem.

9 APOLLO THEATER

253 West 125th Street zwischen A.C. Powell Jr. Blvd. und Frederick Douglass Blvd.

www.apollotheater.org

www.amateurnight.org

Und wenn Sie nun zugleich das Mikro und Ihre Chance ergreifen würden, in der »Amateur Night«, die im Apollo Theater veranstaltet wird, ein Superstar zu werden? Weltstars wie James Brown, Stevie Wonder und Michael Jackson sind bereits mit gutem Beispiel vorangegangen. Ihr Talent liegt eher im Applaudieren und Auspfeifen? Dann aber schnellstens auf die Zuschauertribüne!

⓾ HOTEL THERESA

2082 A.C. Powell Jr. Blvd. zwischen W 124th und 125th St.

www.nps.gov

In seiner Glanzzeit war dieses als »Waldorf von Harlem« bekannte Hotel leider ebenso notwendig wie schön: Die Hotels in Midtown Manhattan waren für Nicht-Weiße verboten. Aus diesem Grund war das »Hotel Theresa« die Schaltzentrale der afroamerikanischen High Society. Die Anwesenheit unzähliger berühmter Künstler, Politiker und Sportler zog die Menschen an. So war auch beim Besuch von Fidel Castro und J. F. Kennedy der Ort schwarz von Menschen. Mit dem Rückgang des Rassismus verlor das Hotel jedoch an Nutzen. Anfang der 70er-Jahre wurden die 300 Zimmer zu Büros umfunktioniert.

⑪ THE STUDIO MUSEUM IN HARLEM

144 W 125th St.

www.studiomuseum.org

🕒 Do/Fr 12–21 Uhr, Sa 10–18 Uhr, So 12–18 Uhr.

Das Museum ist der afroamerikanischen Kunst gewidmet, denn *black truly is beautiful*. Die Sammlung geht bis ins 19. und 20. Jahrhundert zurück, aber auch zeitgenössische Künstler werden nicht vergessen. Häufig ist Harlem selbst Thema der Ausstellungen. Das recht kleine Museum mutet eher wie eine Galerie an. Jeden Freitagabend lassen DJs Sie von einem Kunstwerk zum nächsten tanzen, und sonntags ist der Eintritt frei!

⑫ RED ROOSTER

310 Lenox Ave. zwischen 125th und 126th St.

www.redroosterharlem.com

🕒 Mo–So 11.30–15 Uhr und 17.30–22.30 Uhr.

Im »Red Rooster« gibt es das beste *Soul Food* Harlems mit moderner Tendenz, die sich der wachsenden demografischen Vielfalt des Quartiers anpasst. Es dient aber auch der nicht-essbaren Kultur mit super Livemusik und einer ausgewählten Kunstsammlung in Absprache mit dem Studio Museum.

⑬ CLINTON'S OFFICE

55 W 125th St. zwischen 5th und Lenox Ave.

Zur Unterstützung des Quartiers hat der ehemalige Präsident seine Büros mitten nach Harlem verlegt. Dadurch haben sich Geschäfte für Damenunterwäsche und Zigarren in der Umgebung vermehrt. Und da Bills Miete dort deutlich billiger ist, haben die Steuerzahler allen Grund, sich zu freuen. Ein ausgezeichnetes Vorbild, dem viele folgen sollten!

⑭ ASTOR ROW HOUSES

W 130th St. zwischen 5th und Lenox Ave.

Vor und hinter dem Haus ein Garten, und das in Manhattan? Nur wenige Manhattaner genießen dieses Privileg, das den Bewohnern der 28 *Townhouses* in der Astor Row zuteil wird. Die viktorianischen Fassaden und Veranden aus dem späten 19. Jahrhundert wurden ein Jahrhundert später auf Initiative von Brooke Astor restauriert, der Ehefrau des Ur-Ur-Enkels von John Jacob Astor, besser bekannt als der erste Multimillionär in der amerikanischen Geschichte.

⑮ HARLEM YMCA

180 W 135th St. zwischen Lenox Ave. und A.C. Powell Jr. Blvd.

www.ymcanyc.org

Es ist immer ein Vergnügen, im YMCA zu logieren. Dieses unter Denkmalschutz stehende Gebäude war und ist ein wichtiges Kultur- und Freizeitzentrum für die schwarze Gemeinde. Das »Y« ist eine Kombination aus Fitnesszentrum, Basketball-Platz, Pool und mehr als 200 Zimmern. Hochrangige Persönlichkeiten wie Malcolm X und

Martin Luther King sind hier schon ein- und ausgegangen.

16 SCHOMBURG CENTER FOR RESEARCH IN BLACK CULTURE

515 Malcolm X Blvd. zwischen 135th und 136th St.
www.nypl.org/locations/schomburg
Mo 10–18 Uhr, Di–Do 12–20 Uhr, Fr/Sa 10–18 Uhr, So geschl.

Ein Forschungszentrum und Archiv der New York Public Library für alles, was die afrikanische Kultur und die Diaspora betrifft. Arturo Schomburg, eine wichtige Persönlichkeit für die Wiedergeburt von Harlem, hat für die Rechte und die Anerkennung von Latinos und Afroamerikanern gekämpft. Ihm ist es zu verdanken, dass dieser Ort eine informative Goldgrube ist.

17 MISS MAUDE'S SPOONBREAD TOO

547 Lenox Ave. zwischen 137th und 138th St.
www.spoonbreadinc.com/miss_maudes.htm
Mo–Do 12–21.30 Uhr, Fr/Sa 12–22.30 Uhr, So 11–21.30 Uhr.

Bei Maude ist das *Soul Food* so traditionell wie unwiderstehlich. *Cornbread, Fried Chicken, Mashed Potatoes, Collard Greens* und *Mac(aroni) and Cheese*: ideal, um die traditionellen Gerichte der Südstaatenküche kennenzulernen, ohne gleich ein Vermögen ausgeben zu müssen.

18 ABYSSINIAN BAPTIST CHURCH

132 Odell Clark Pl., 138th Street zwischen A.C. Powell Jr. Blvd. und Lenox Ave.
www.abyssinian.org
So 11 Uhr.

Sonntags hat die abessinische Baptistenkirche großen Zulauf. Falls Sie daran teilnehmen möchten, ist es in Ihrem Interesse, zeitig aufzustehen. Der Gottesdienst zieht viele Touristen an, ab 9 Uhr bildet sich eine lange Schlange. Eintritt wird keiner verlangt, aber Spenden sind sehr willkommen. Achten Sie auf angemessene Kleidung, verzichten Sie darauf, Fotos zu machen, und verhalten Sie sich respektvoll, wenn Sie nicht hinausfliegen wollen, bevor der Gospelchor überhaupt zu singen begonnen hat!

19 STRIVERS' ROW

W 138th und W 139th St. und A.C. Powell Jr. und F. Douglass Blvd.

Die Reihenhäuser aus dem 19. Jahrhundert an der Striver's Row sind historische Kleinode von hohem architektonischem Wert. Ursprünglich war der Ort dem gut betuchten weißen Mittelstand vorbehalten, aber die Zeiten haben sich geändert. Heute ist es für Weiße oder Schwarze gleichermaßen ein Kraftakt, hier eine Wohnung zu bekommen. Anders gesagt, muss man sich mächtig ins Zeug legen, passend zum Namen, der soviel wie Streber bedeutet.

MILDRED AND JOYCE

NEW YORKER MOMS

Diese beiden charmanten Schwestern sind waschechte New Yorkerinnen und treue Kundinnen des Restaurants »Petite Abeille«, in dem ich eine Zeit lang gearbeitet habe. Ich begrüßte sie immer mit einem Küsschen, und dieser Brauch aus meinem Heimatland entzückte sie so sehr, dass sie mich bald als ihren Adoptivsohn betrachteten.

Seither wachen sie aus der Ferne über mich. Wenn ich sie nicht täglich anrufe, sind sie besorgt. Sie haben sich vorgenommen, eines Tages nach Belgien zu reisen. Sie sind voller Neugier und möchten alles kennenlernen. In der Zwischenzeit überprüfen sie alles. Dabei haben sie zu ihrer großen Erheiterung entdeckt, dass mein Heimatland so klein ist, dass es auf der Weltkarte nicht einmal genügend Platz für seinen Namen hat!

Mildred und Joyce blicken auf einen untypischen Lebensweg zurück. Mildred war Ärztin, und Joyce wurde in einer Zeit Anwältin, als dies für eine Frau, noch dazu für eine Afroamerikanerin, alles andere als selbstverständlich war. Ich schätze, dass sie um die 80 Jahre alt sind, bin jedoch nicht sicher, denn sie sind zu stolz, um ihr Alter preiszugeben.

Ihnen habe ich es zu verdanken, dass ich mich mit der Kultur und der Geschichte von Harlem vertraut machen konnte, in der die schwarze Gemeinde verwurzelt ist. In ihrer Gesellschaft habe ich an authentischen Gospel-Gottesdiensten teilgenommen, bei denen die Gläubigen mit voller Inbrunst sangen und tanzten. Und sie haben mich in die Oper und zu Veranstaltungen am Broadway mitgenommen. Sie sind fest entschlossen, mich zu verwöhnen wie *the son they never had.*

TIPP VON JOYCE

TRINITY CHURCH
74 Trinity Place, Broadway, Financial District
www.trinitywallstreet.org
Die Lieblingskirche von Joyce. Sie und Mildred waren sogar eine Zeit lang in der Kirchenverwaltung aktiv. Das großartige neugotische Bauwerk, 1846 erbaut und sorgfältig gepflegt, steht jedermann offen. Zögern Sie nicht, einzutreten und die Architektur zu bewundern oder an einem Gottesdienst teilzunehmen.

FUN FACT
Die Trinity Church ist eine der größten Grundeigentümerin Manhattans, wodurch sie eine der reichsten Pfarreien der Welt ist. Der Wert ihres Grundbesitzes wird auf 2 Milliarden Dollar geschätzt.

TIPPS VON MILDRED

Ein authentischer Gospel-Gottesdienst in Harlem ist ein Erlebnis, das man sich nicht entgehen lassen sollte. Die Hunderte von Kirchen in Harlem zeigen häufig einen frappierenden Kontrast zur Pracht von Bauwerken wie der Trinity Church, der Glaube ist dort aber nicht weniger tief. Im Gegenteil.

ABYSSINIAN BAPTIST CHURCH
132 Odell Clark Pl., 138th St. zwischen Adam Clayton Powell Jr. Blvd. und Lenox Ave.
www.abyssinian.org
In dieser Kirche finden herrliche Gospel-Gottesdienste statt, sie ist allerdings sehr touristisch.

SAINT MATTHEW'S BAPTIST CHURCH
43 Macombs Pl, West 151st St.
www.smbcharlem.org
St. Matthew's, etwas abgelegener in Harlem, ist deutlich weniger touristisch. Seit den beinahe 90 Jahren des Bestehens dieser Kirche ist Lisa Jenkins hier die erste Pastorin. Die besonders aktive Pfarrgemeinde tut sehr viel für die Gemeinschaft. Insbesondere unterstützt sie die *mom-and-pop stores* (kleine Einzelhändler im Viertel) in ihrem Kampf gegen das Großkapital, das sich langsam, aber sicher auch Harlems bemächtigt.

FUN FACT
Einmal pro Monat kann man in St. Matthew's Waffen gegen Einkaufsgutscheine für Lebensmittel, Bekleidung etc. tauschen. Dieses Projekt findet in Zusammenarbeit mit dem New York City Police Department (NYPD) statt, das für mehr Sicherheit im Quartier sorgen soll. Die Kirche betreut auch minderjährige Mütter und HIV-Infizierte.

HARLEM

Wenn ich meine Kunden zu ihren Kenntnissen über New York befrage, ist es die Ausnahme, dass Harlem nicht genannt wird. Selbst wenn es nicht das meistbesuchte Viertel von New York ist, hat doch jeder schon davon gehört, und zwar zu Recht. Als Wiege der »Renaissance von Harlem« hat es eine wichtige Rolle in der Geschichte und der Kultur der schwarzen amerikanischen Gemeinde gespielt. Diese Erneuerungsbewegung der 20er- und 30er-Jahre hat zahlreiche Künstler, Sänger, Tänzer, Schriftsteller, Politiker und Intellektuelle hervorgebracht und den folgenden Generationen als Inspirationsquelle gedient.

Auch heute noch spielt die Religion in dieser Gemeinschaft eine wichtige Rolle. Über 400 Kultstätten zeugen davon. Einige sind wahre Wunderwerke, und Harlem ist der ideale Ort, um an einem Gospel-Gottesdienst teilzunehmen ... oder das *Soul Food* zu entdecken, eine schmackhafte Südstaatenküche, die aus der Sklaverei hervorgegangen ist. Lassen Sie bei der Besichtigung des Viertels das Apollo Theatre nicht links liegen: Viele bedeutende Persönlichkeiten der Unterhaltungsindustrie haben hier ihre Karriere begonnen. Insbesondere die Jackson Five, James Brown, Stevie Wonder, Ella Fitzgerald und Aretha Franklin, um nur einige zu nennen.

FUN FACT
Der Harlem Shake ist ein Tanz, der auf dem äthiopischen Eskista basiert. Um Verwechslungen zu vermeiden: Er hat nichts mit dem Internet-Hype von 2013 zu tun, als sich die Mitwirkenden an einem Videoclip zu dem Musikstück »Harlem Shake« völlig verrückt verrenkten.

FUN FACT
Ursprünglich fanden im Apollo Theatre burleske Tanzveranstaltungen ausschließlich für weiße Zuschauer statt. 1934 wurde es das erste Theater, in dem ein gemischtes Publikum zugelassen war. Jeden Mittwochabend, zur »Amateur Night«, ist es hier brechend voll. Nehmen Sie einen Platz auf dem zweiten Rang und zögern Sie nicht, wie alle vor Begeisterung zu brüllen oder die Darbietungen auszupfeifen!

RED ROOSTER
310 Lenox Ave. zwischen 125th und 126st St.
www.redroosterharlem.com

Von diesem vielen Halleluja, Amen und den religiösen Gesängen haben Sie Hunger bekommen? Im »Red Rooster« wartet ein stärkender Brunch auf Sie. Dieses Restaurant ist zwischen Livemusik und traditionellem *Comfort Food* der südamerikanischen Küche treu. Die Harlem-Atmosphäre gibt es als krönende Dreingabe!

SYLVIA'S
328 Malcolm X Boulevard
www.sylviasrestaurant.com

Das Restaurant ist zwar sehr bekannt, aber unangenehm touristisch, und die Qualität des Essens lässt zu wünschen übrig. Trotz der vernünftigen Preise gibt es bessere Lokale, um ein *Soul-Food*-Menü zu genießen.

APOLLO THEATRE
253 West 125th St.
www.amateurnight.org

IT TA
A SPE
PERSO
LIVE H

KES

CIAL

ON TO

IERE.

DANIEL

* Wer hier durchhält, kommt überall zurecht.

DANIEL

MEET THE PRESIDENT

Daniel ist vor vielen Jahren nach New York gekommen, natürlich um Schauspieler zu werden. Zwischen schlecht bezahlten Jobs und erfolglosem Vorsprechen ging alles den üblichen Weg, bis zu dem Tag, als er von der Gray Line, dem bekannten Touristen-Busunternehmen, als Führer engagiert wurde, bei dem auch ich gearbeitet habe. Der Job als *History Major* gefiel ihm, sodass er beschloss, ganz dabei zu bleiben. Kurze Zeit später wurde er zuerst Mitglied, dann Präsident der GANYC (Verband der Stadtführer von New York City). Dort sind wir uns begegnet.

Stadtführer tauschen gern Informationen über ihre gemeinsame Leidenschaft aus. Es gibt immer irgendwelche guten Ideen in Erfahrung zu bringen. Wir erzählen uns auch Erlebnisse von unseren Touren. Wie von dieser Touristengruppe, mit der er in ein anderes Abteil umsteigen musste, weil jemand das Bedürfnis gehabt hatte, sich zur Rushhour mitten in der Metro zu erleichtern. Oder von diesen vornehmen Damen aus dem Bible Belt (der »Bibelgürtel« ist eine protestantische Region im Süden der USA), die er den Klauen eines wolllüstigen Passanten entreißen musste, der unbedingt wollte, dass sie seine entblößten und verschwitzten *moobs* (Brüste) berühren.

Aber neben all diesen Anekdoten legt Daniel größten Wert darauf, dass seine Kunden ein korrektes Bild von New York bekommen. Insbesondere innerhalb der Vereinigten Staaten gibt es viele Vorurteile hinsichtlich der Metropole. So gelten beispielsweise alle New Yorker als unhöflich und arrogant. Mit solchen Vorstellungen lässt Daniel jedoch niemanden gehen. Außer wenn es um das Personal der MTA (Metropolitan Transportation Authority) geht, wie er immer lachend anmerkt. Seine Kunden möchten auch wissen, ob es tatsächlich möglich ist, jemandem mit einem Penny zu töten, den man vom Empire State Building herabfallen lässt. Und ob es wirklich Alligatoren in der Kanalisation gibt. Die Antwort lautet in beiden Fällen definitiv »nein«.

Neuankömmlinge werden in New York anfangs oft so richtig niedergemacht. Es ist eine Art Schikane, die viele Stadtbewohner, auch die *yours truly*, an den Tag legen können. Auch Daniel erlebte es nicht anders. Die Frau, die ihm ein Bett und Essen gab, als er auf der Straße stand, starb in seinen Armen. Kurz darauf verlor er seine Arbeit. Aber er kann diesen Erfahrungen auch positive Seiten abgewinnen. Sie haben ihm beigebracht, wieder aufzustehen und um sein Überleben zu kämpfen. Und dann gibt es noch diesen anderen Aspekt von New York: Ver-

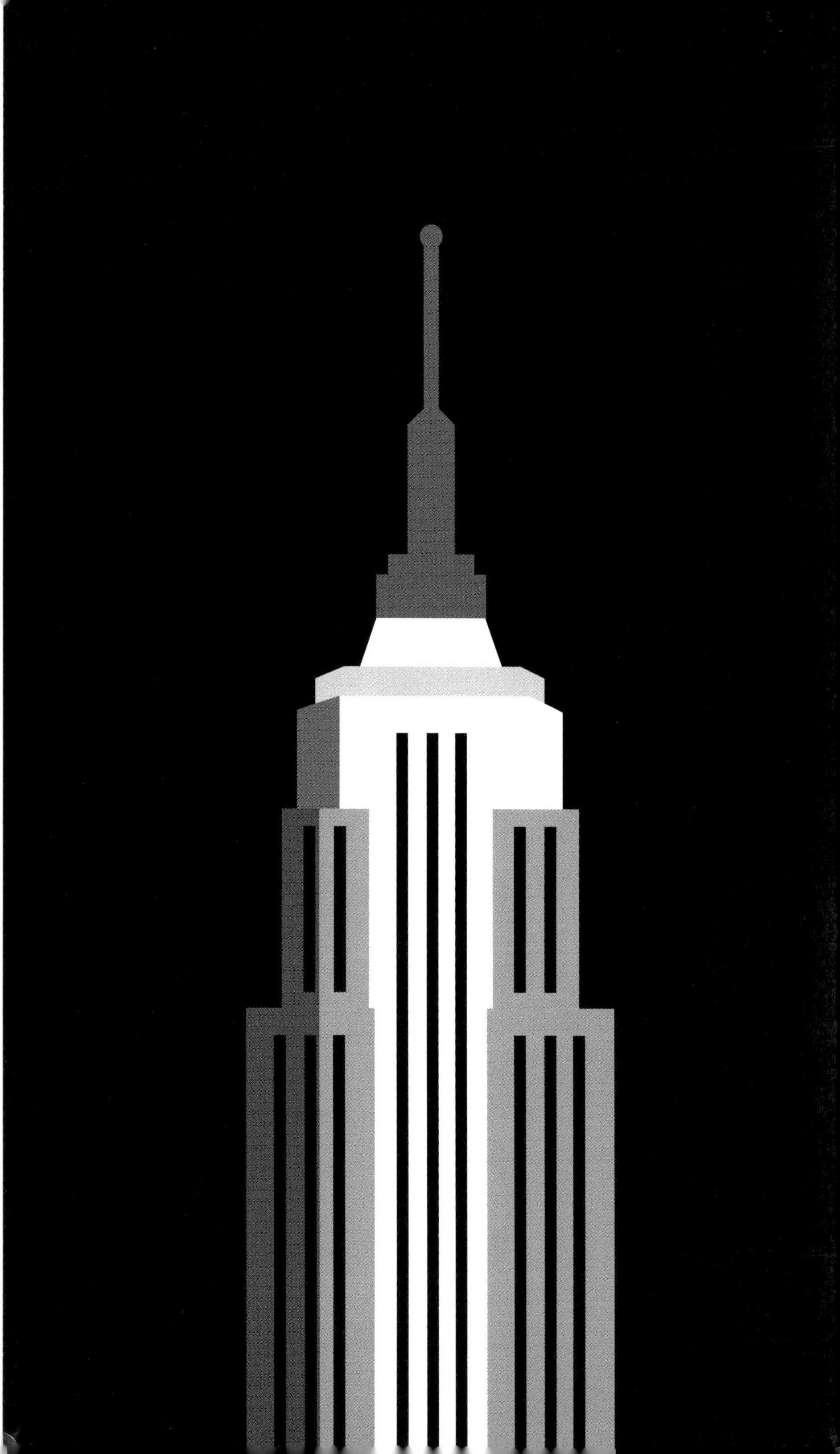

EMPIRE STATE BUILDING

102 ETAGEN

FERTIGGESTELLT **1931**

72 AUFZÜGE

1.860 STUFEN ZUR AUSSICHTSPLATTFORM

10118 POSTLEITZAHL DES GEBÄUDES

365.000 TONNEN = GESAMTGEWICHT

443,2 METER HOCH BIS ZUR SPITZE

BACKSTEINE **10** MILLIONEN

20.000 PERSONEN ARBEITEN HIER TÄGLICH.

FAHRRAD-SPAZIERTOUR

6

BIKE THE CITY

THE CITY

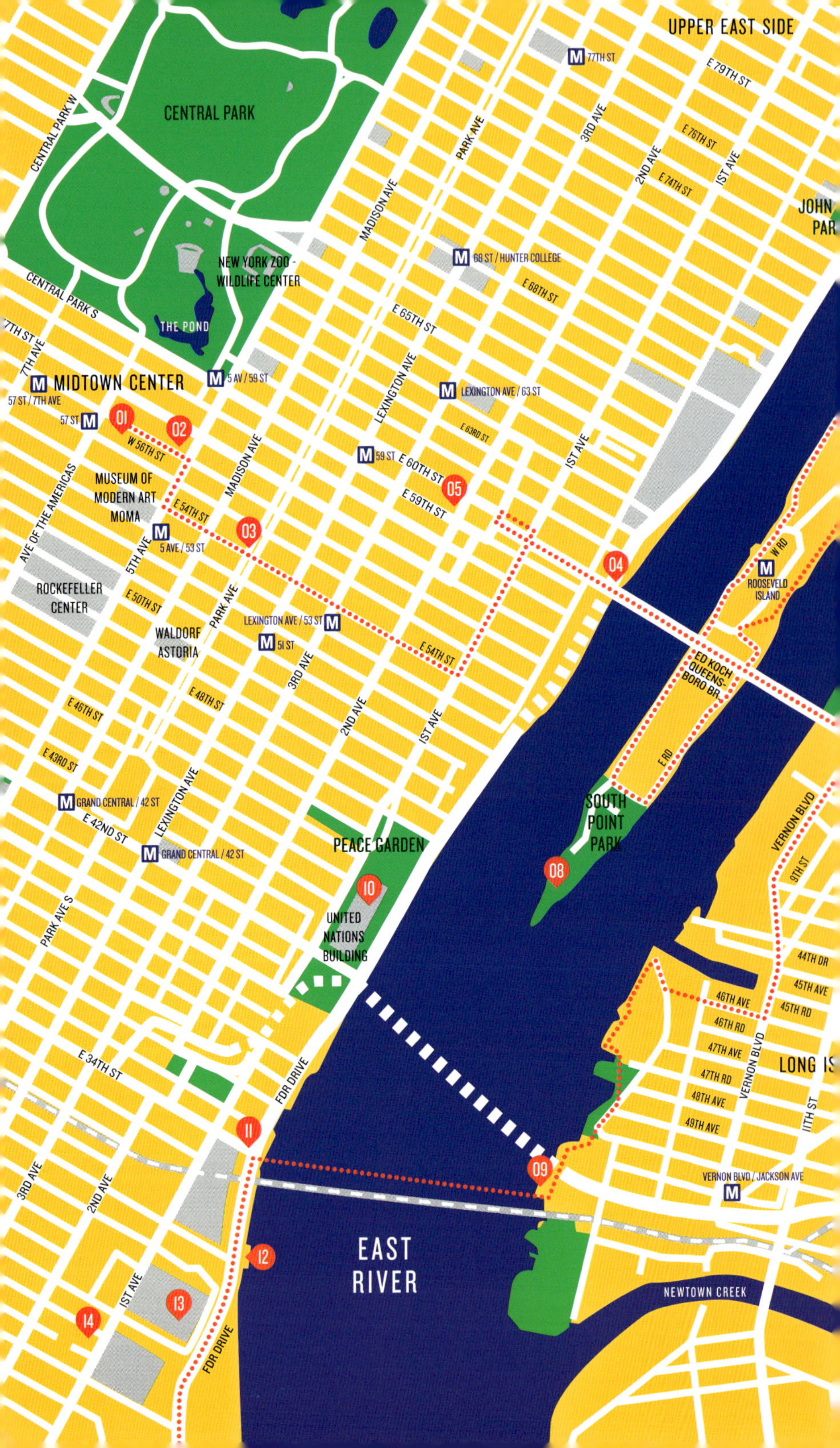

UPPER EAST SIDE
CENTRAL PARK
CENTRAL PARK W
CENTRAL PARK S
NEW YORK ZOO - WILDLIFE CENTER
THE POND
MIDTOWN CENTER
57 ST / 7TH AVE
57 ST
5 AV / 59 ST
7TH AVE
W 56TH ST
MUSEUM OF MODERN ART MOMA
AVE OF THE AMERICAS
5TH AVE
5 AVE / 53 ST
E 54TH ST
MADISON AVE
ROCKEFELLER CENTER
E 50TH ST
WALDORF ASTORIA
PARK AVE
LEXINGTON AVE / 53 ST
51 ST
E 48TH ST
E 46TH ST
E 43RD ST
GRAND CENTRAL / 42 ST
E 42ND ST
LEXINGTON AVE
PARK AVE S
E 34TH ST
3RD AVE
2ND AVE
1ST AVE
FDR DRIVE
PEACE GARDEN
UNITED NATIONS BUILDING
EAST RIVER
77TH ST
E 79TH ST
E 76TH ST
E 74TH ST
1ST AVE
2ND AVE
3RD AVE
PARK AVE
MADISON AVE
JOHN PAR
68 ST / HUNTER COLLEGE
E 68TH ST
E 65TH ST
LEXINGTON AVE
LEXINGTON AVE / 63 ST
E 63RD ST
59 ST
E 60TH ST
E 59TH ST
1ST AVE
E 54TH ST
ED KOCH QUEENS-BORO BR.
ROOSEVELD ISLAND
W RD
E RD
SOUTH POINT PARK
VERNON BLVD
9TH ST
44TH DR
45TH AVE
45TH RD
46TH AVE
46TH RD
47TH AVE
47TH RD
48TH AVE
49TH AVE
VERNON BLVD
LONG IS
11TH ST
VERNON BLVD / JACKSON AVE
NEWTOWN CREEK
01
02
03
04
05
08
09
10
11
12
13
14

BIKE THE CITY

THE CITY

2–3 STUNDEN | KARTE I

1. CENTRAL PARK SIGHTSEEING BIKE RENTAL
2. ABERCROMBIE & FITCH
3. HELMSLEY BUILDING
4. ED KOCH QUEENSBORO BRIDGE
5. ROOSEVELT ISLAND TRAMWAY
6. RAVENSWOOD POWER PLANT
7. ROOSEVELT ISLAND
8. FOUR FREEDOMS PARK
9. EAST RIVER FERRY, HUNTER' S POINT
10. ORGANISATION DER VEREINTEN NATIONEN
11. EAST RIVER FERRY, MIDTOWN
12. THE WATER CLUB
13. NYU SLEEP DISORDER CENTER
14. NYU COLLEGE OF DENTISTRY

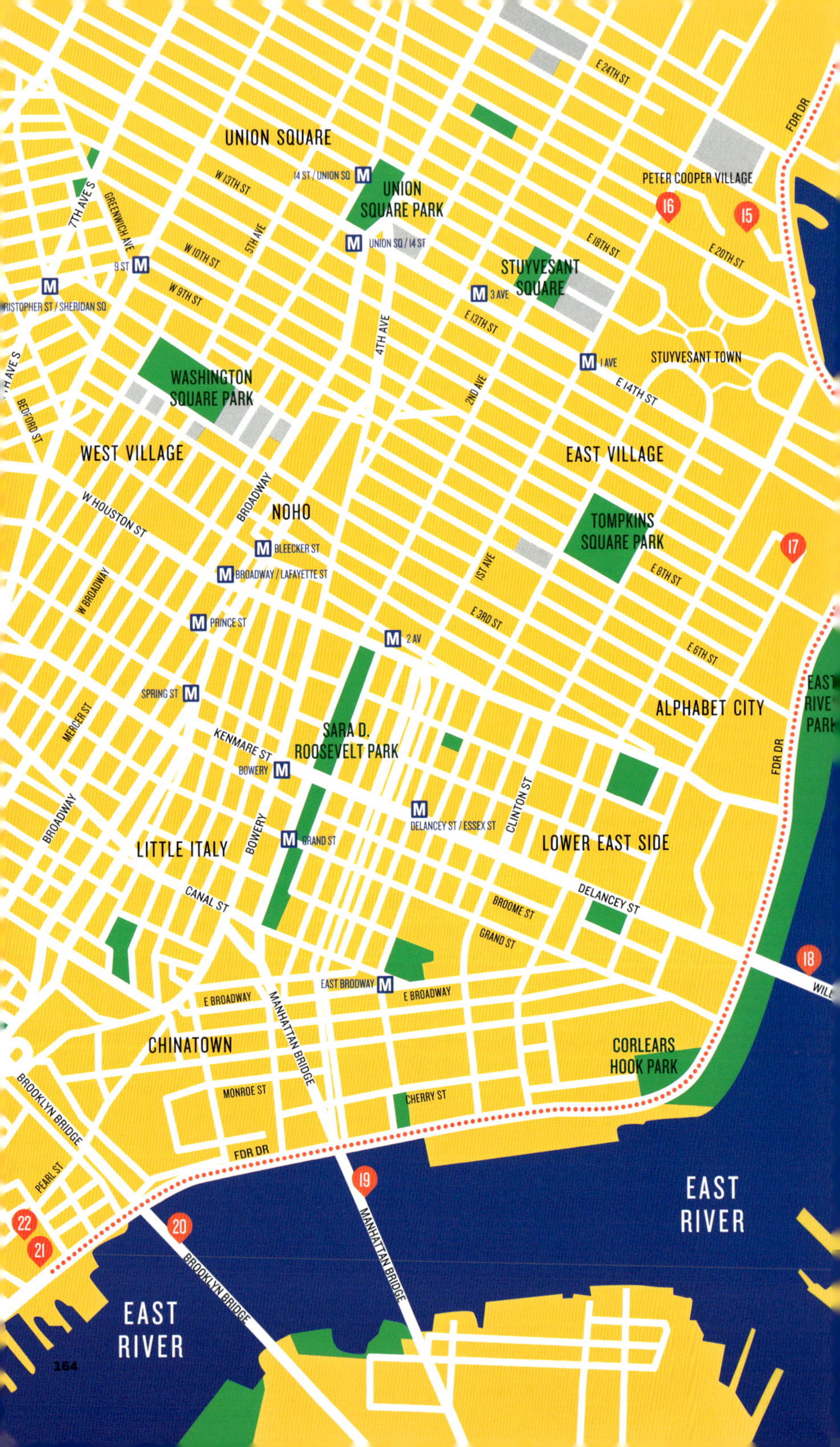
UNION SQUARE
UNION SQUARE PARK
14 ST / UNION SQ
UNION SQ / 14 ST
W 13TH ST
W 10TH ST
W 9TH ST
5TH AVE
7TH AVE S
GREENWICH AVE
9 ST
CHRISTOPHER ST / SHERIDAN SQ
BEDFORD ST
WASHINGTON SQUARE PARK
WEST VILLAGE
W HOUSTON ST
BROADWAY
NOHO
BLEECKER ST
BROADWAY / LAFAYETTE ST
W BROADWAY
PRINCE ST
SPRING ST
MERCER ST
KENMARE ST
BOWERY
SARA D. ROOSEVELT PARK
GRAND ST
LITTLE ITALY
CANAL ST
E 24TH ST
FDR DR
PETER COOPER VILLAGE
16
15
E 18TH ST
E 20TH ST
STUYVESANT SQUARE
3 AVE
E 13TH ST
4TH AVE
2ND AVE
1 AVE
STUYVESANT TOWN
E 14TH ST
EAST VILLAGE
TOMPKINS SQUARE PARK
17
E 8TH ST
1ST AVE
E 3RD ST
2 AV
E 6TH ST
ALPHABET CITY
EAST RIVER PARK
DELANCEY ST / ESSEX ST
CLINTON ST
LOWER EAST SIDE
DELANCEY ST
BROOME ST
GRAND ST
18
EAST BRODWAY
E BROADWAY
MANHATTAN BRIDGE
CHINATOWN
CORLEARS HOOK PARK
MONROE ST
CHERRY ST
FDR DR
BROOKLYN BRIDGE
PEARL ST
19
20
22
21
EAST RIVER
EAST RIVER

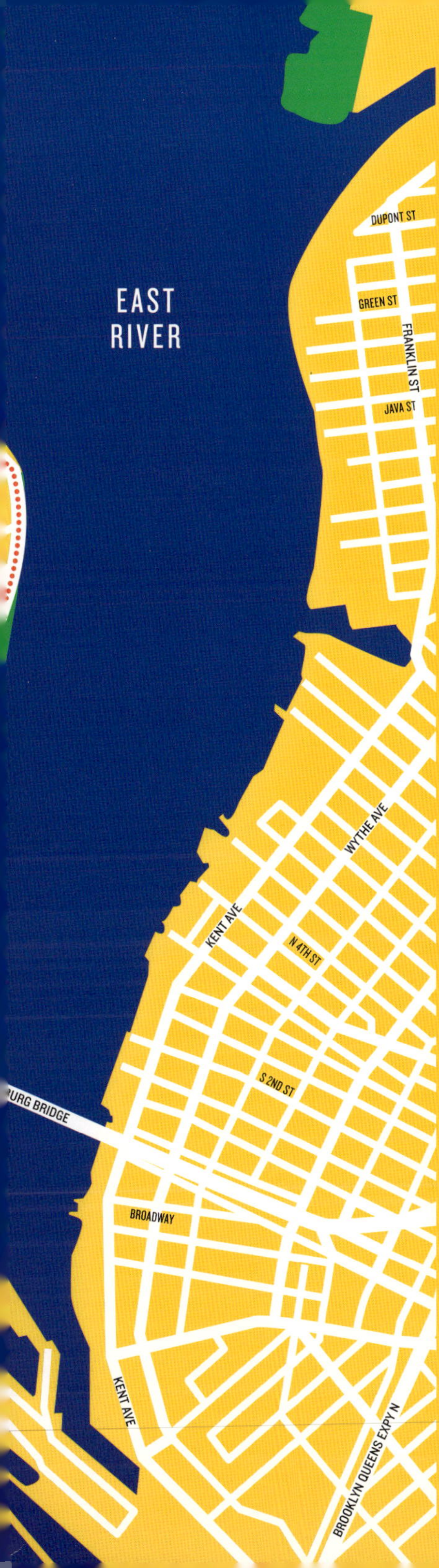

BIKE THE CITY

THE CITY

KARTE 2

15 PETER COOPER VILLAGE/STUYVESANT TOWN
16 PETITE ABEILLE
17 ALPHABET CITY
18 WILLIAMSBURG BRIDGE
19 MANHATTAN BRIDGE
20 BROOKLYN BRIDGE
21 BROOKLYN BRIDGE SIGHTSEEING
22 SOUTH STREET SEAPORT

Schwingen Sie sich auf den Sattel zu einem Ausflug, der von Versuchungen und Überraschungen gekrönt wird. Am Ende werden Sie erschöpft, aber glücklich sein! Während (und nach) dieser Spazierfahrt werden Sie einen schönen Blick auf den Osten von Manhattan, den East River und die Ufer von Queens und Brooklyn haben. Sie können (einen Teil) dieser Strecke auch zu Fuß zurücklegen, die Tour ist aber für Radfahrer konzipiert. Unterwegs haben Sie die Möglichkeit, den Ausflug nach Ihren Wünschen abzukürzen oder zu verlängern. Nutzen Sie diese Möglichkeiten, allerdings mit Vorsicht!

Vor dem Start überprüfen Sie bitte die Abfahrtzeiten der Fähre und die Öffnungszeiten Ihres Endziels. Damit ersparen Sie sich eine Menge Unannehmlichkeiten!

1 CENTRAL PARK SIGHTSEEING BIKE RENTAL

56th St. zwischen 5th und 6th Ave.
www.centralparksightseeing.com

Sind Sie bereit für die Tour de New York? Legen Sie sich nicht mit den *Yellow Cabs* an, nachdem Sie Ihr Rad noch einmal kontrolliert haben. Sonst laufen Sie Gefahr, früher oder später ohne Transportmittel dazustehen. Achtung: Der Verkehr in New York ist chaotisch und mehrspurig. Verlassen Sie sich nicht nur auf die Straßenverkehrsordnung, die Ampeln oder Ihren Vordermann, sondern räumen Sie dem Überleben Priorität ein!

2 ABERCROMBIE & FITCH

720 5th Ave. zwischen 56th und 57th St.
stores.abercrombie.com/ny/newyork
Mo–Sa 10–20 Uhr, So 12–20 Uhr.

Dieses umweltverschmutzende Gespann wird regelmäßig wegen Parfüm-Missbrauch verklagt: Das Parfüm soll schädliche Chemikalien enthalten, die bei hemmungslosem Versprühen die Fruchtbarkeit beeinträchtigen. Prinzipiell ist es keine schlechte Idee, die New Yorker Luft zu erfrischen, dabei sollte jedoch besser auf Bio-Geruchsneutralisatoren zurückgegriffen werden. An dem *Air Freshener* stören sich viele Käufer ebenso wie an der diskriminierenden Personalpolitik von A&F. Aber die Betroffenen ignorieren das. Sie scheinen sogar zu viele Kunden zu haben, denn sie haben den Darstellern der Serie »*Jersey Shore*«, die auf MTV läuft, sogar ein kleines Vermögen geboten, damit sie keine A&F-Kleidung mehr tragen.

3 HELMSLEY BUILDING

230 Park Ave. auf der 46th St.

Früher sollte dieses Gebäude, eine echte Eisenbahn-Kathedrale, den Reisenden, die an der Grand Central Station ankamen, bewundernde Ahs und Ohs entlocken. Heute, wo die Gleise unterirdisch verlaufen, bleibt ihnen dieses Vergnügen versagt, dafür konnte sich die Vegetation der Park Avenue bemächtigen, sodass sie ihren Namen nun wirklich verdient. Das Helmsley Building hat die zweifelhafte Ehre, in alle Ewigkeit den Namen von Leona Helmsley zu tragen, der berühmten »Geizkönigin« mit übergroß ausgeprägtem Ego, die vertraglich festlegte, dass »ihr« Gebäude niemals umbenannt werden dürfe.

4 ED KOCH QUEENSBORO BRIDGE

59th St. und 2nd Ave.

Achtung! Der Fahrradweg befindet sich tatsächlich auf der 60th Street und der 1st Avenue. Fahren Sie links von der Brücke zur 1st Avenue und dann eine U-Kurve, um auf dieses Kunstwerk zu gelangen. Zum Überqueren der Queensboro Bridge müssen Sie anfangs beim Treten vielleicht aus dem Sattel gehen. Auf der anderen Seite werden Sie dafür mit einer gemächlichen Bergfahrt belohnt. Dazwischen vergessen Sie bitte nicht, die fantastische Aussicht auf Queens, Roosevelt Island und den Osten Manhattans wahrzunehmen.

5 ROOSEVELT ISLAND TRAMWAY

60th St. und 2nd Ave.

Sollten Sie es vorziehen, die Queensboro Bridge geübten Radfahrern zu überlassen, nehmen Sie die Luftseilbahn, die Sie in 76 Meter Höhe zum Preis eines Metro-Tickets auf die Roosevelt Island bringt (samt Fahrrad und allem). Damit sparen Sie sich zwei Brücken und einen großen Kraftaufwand!

6 RAVENSWOOD POWER PLANT

Vernon Blvd. und 36th Ave.

Zum Aufladen Ihrer Batterien, bevor es mit Volldampf wieder losgeht, ist Ravenswood die ideale Adresse. Das Kraftwerk versorgt drei Millionen Einwohner mit Strom. 1965 war der Ravenswood Nr. 3 oder »Big Allis« der größte Generator seiner Zeit mit einer Produktion von einer Million Kilowatt. Heute verbraucht New York 12,5-mal mehr. Das Kraftwerk produziert auch den Dampf für den Direktverbrauch. Es ist dieser typische New Yorker *damp*, den Sie gelegentlich aus den Kanaldeckeln auf den Straßen entweichen sehen.

7 ROOSEVELT ISLAND

East River, zwischen Queens eund Manhattan

Diese kleine Insel zwischen Queens und Manhattan hieß nacheinander Minnehanonck, Varkens Eylandt, Blackwell's Island, Welfare Island etc. Wer dorthin geschickt wurde – in die Strafvollzugsanstalt, ins Pockenkrankenhaus oder in die Anstalt für Geistskranke –, kam selten zurück: der Traumort für *personae non gratae!* Heute erlebt die Insel bessere Tage. Sie setzt auf die Aussicht und die Ruhe und übt eine unwiderstehliche Anziehungskraft auf die Bewohner, aber auch auf Baulöwen aus.

8 FOUR FREEDOMS PARK

1 FDR Four Freedoms Park

www.fdrfourfreedomspark.org

◷ Mi–Mo 9–19 Uhr.

Der Four Freedoms Park, der an der Südspitze der Roosevelt Island zu Ehren von Präsident F. D. Roosevelt angelegt wurde, ist der jüngste Park von New York. Sein Name spielt auf die vier Freiheiten an, die Roosevelt 1941 in seiner berühmten Rede zur Lage der Nation nannte: Meinungsfreiheit, Religionsfreiheit, Freiheit von Not und Freiheit von Angst. Das am Eingang zum Park gelegene ehemalige Smallpox Hospital (Pockenkrankenhaus), das heute leer steht, soll bald renoviert werden.

9 EAST RIVER FERRY, HUNTER'S POINT

Center Blvd., Long Island City, zwischen Borden Ave. und 54th Ave.

www.eastriverferry.com

Über den Fahrplan informieren Sie sich bitte auf der Website.

An Bord des Schiffstaxis, das Sie für bescheidene 4 Dollar (am Wochenende 6 Dollar), zuzüglich 1 Dollar für Ihr Fahrrad, schnell und sicher ans andere Ufer bringt, hindert Sie nichts daran, sich ganz der Lyrik hinzugeben, zu der dieses Panorama Sie inspiriert. Ihrem Fahrrad, das vorne geparkt wird, passiert nichts. Ziel: Midtown, 34th Street. Gute Überfahrt!

10 ORGANISATION DER VEREINTEN NATIONEN

Zwischen FDR und 1st Ave. Und zwischen 42nd und 48th St.

visit.un.org

Wahrscheinlich das wichtigste Gebäude der Welt. Ein Theater, das die größte Schauspieltruppe unseres Planeten beherbergt. Um jedoch einer der Vorstellungen beizuwohnen, verfolgt man besser die internationalen Nachrichten, denn die Truppe tritt nur sehr unregelmäßig auf. Einzige Ausnahme ist die Generalversammlung im September. Dieser Teil Manhattans wird dann so schwer bewacht, dass er nur mit Mühe zugänglich ist. Der durchschnittliche Eintrittspreis ist ein bewaffneter Konflikt, eine Hungersnot oder ein Tsunami. Wer über Rohöl verfügt, genießt dauerhaft Rabatt.

11 EAST RIVER FERRY, MIDTOWN

FDR, zwischen 35th und 36th St.

www.eastriverferry.com

Land in Sicht! Nun ist es Zeit, wieder das Fahrrad zu nehmen und am Westufer des East River entlang Richtung Lower Manhattan zu radeln.

12 THE WATER CLUB

500 E 30th St.

www.thewaterclub.com

Mi–Fr 17–23 Uhr, Sa 12–15 und 17–23 Uhr, So 12–15 und 17–22 Uhr.

Klassischer Service und ein Rahmen, der viel von einem Jachtclub hat: So sieht das Erfolgsrezept des »Water Club« aus. Die Menüs sind etwas eintönig, aber korrekt, und der Service ist so tadellos, wie die Räumlichkeiten romantisch sind. Lassen Sie sich einen Tisch am Fenster geben.

13 NYU SLEEP DISORDER CENTER

27th St. und 1st Ave.

med.nyu.edu

Falls Sie von Müdigkeit geplagt werden, warum nicht eine kleine Siesta in dieser Schlafklinik einlegen? Mitten in »*The City That Never Sleeps*« haben die Zuständigen hier eine Menge zu tun!

14 NYU COLLEGE OF DENTISTRY

345 E 24th St. und 1st Ave.

dental.nyu.edu

Hier habe ich schon einige Zeit auf dem Folterstuhl verbracht! Zahnbehandlungen sind in der normalen Krankenversicherung nicht inbegriffen. Selbst wenn Ihre Arztkosten gedeckt werden, besteht die Gefahr, dass Sie bei der Zahnarztrechnung mit den Zähnen knirschen! Wenn Sie nicht über die Mittel verfügen, es genau nehmen zu dürfen, kann man hier Ihr Problem zu einem vernünftigen Preis lösen. Sicher, Sie müssen akzeptieren, Ihr Gebiss Studenten und Praktikanten anzuvertrauen. Aber einem geschenkten Gaul ...

15 PETER COOPER VILLAGE/ STUYVESANT TOWN

Lower East Side, zwischen 14th St. und 23rd St. und 1st Ave. und FDR

Peter Cooper Village und Stuyvesant Town: zwei Namen, die normalerweise in einem Zug genannt werden (PCVST), weil sie zwei Viertel bezeichnen, die gemeinsam einen riesigen Wohnkomplex bilden. Herr Stuyvesant, der letzte Generaldirektor der niederländischen Kolonie Neu-Amsterdam, besaß hier einen Bauernhof. Peter Cooper war Erfinder und Industrieller, der insbesondere die erste amerikanische Dampflokomotive baute. Beide haben es sich redlich verdient, dass ein Teil der Stadt ihren Namen trägt.

16 PETITE ABEILLE

401 E 20th St. und 1st Ave.

www.petiteabeille.com

Mo–Fr 8–23 Uhr, Sa/So 9–22 Uhr.

Dieses Restaurant hat mir

in der Anfangszeit geholfen, meinen Lebensunterhalt zu bestreiten. Dort habe ich Freunde gefunden und auch eine Fülle an Informationen für dieses Werk. Sie haben Sehnsucht nach Muscheln oder Pommes mit Mayonnaise? »Die kleine Biene« erhört Ihr Flehen. Sagen Sie, dass Patrick Sie schickt.

17 ALPHABET CITY

Lower East Side, zwischen 14th und Houston St.

Sumpfgebiet, Little Germany, Immigrations-, Prostitutions- oder gar Drogenviertel: Die »Alphabet Stadt« hat schon viel Verdruss erlebt. Heute unterliegt sie, wie der Rest von Manhattan auch, der Gentrifizierung (Wandel des wirtschaftlichen und sozialen Profils eines Viertels, der zulasten benachteiligter Bürger geht). Die kleine Enklave im Herzen des East Village verdankt ihren Namen den vier Avenuen A, B, C und D, die sie durchziehen und in Manhattan die einzigen sind, die Buchstaben und keine Ziffern tragen. Da sie jenseits der 1st Avenue liegen, hätten sie tatsächlich negative Zahlen tragen müssen. Eine verwirrende und unpraktische Lösung, die günstigerweise durch das Alphabet ersetzt wurde!

18 WILLIAMSBURG BRIDGE

Die Williamsburg Bridge erstreckt sich in Brooklyn seit über 110 Jahren zwischen der Lower East Side und Williamsburg, dem Hipster-Paradies. Während sie heute die am wenigsten bekannte Brücke des BMW-Trios ist (Brooklyn-, Manhattan-, Williamsburg-Bridge), war das 1903 noch völlig anders: Damals war sie die längste Hängebrücke unseres Sonnensystems.

19 MANHATTAN BRIDGE

An sich kann die Manhattan Bridge Radfahrer begeistern, allerdings wird die Aussicht durch die Absperrung entlang des Radweges etwas verdorben. Diese Brücke von 1909 mündet auf der Canal Street: Diese Geschäftsstraße von Chinatown ist *the place to be for all things Frucci & Frolex.* Obgleich täglich viele tausend Menschen die Brücke benutzen, wurde erst Anfang 2014 ein heimlicher Bewohner entdeckt, der im Tragwerk zwischen beiden Etagen lebte.

20 BROOKLYN BRIDGE

Mit ihren beiden Pfeilern, die sich aus dem Wasser erheben, ist die Brooklyn Bridge die bekannteste Brücke in New York. Sollten Sie noch nicht am Ende Ihrer Kräfte sein, bildet diese Brücke mit ihren knapp zwei Kilometern Länge die ideale Verlängerung dieser Spazierfahrt. Heute ist die Benutzung kostenlos, aber bei ihrer Einweihung (1883) kostete sie pro Kuh 5 Cent und pro Schaf/Schwein 2 Cent. So können Sie ausrechnen, was Ihre Familie hätte bezahlen müssen. 1884 lieferte sogar eine Elefantenparade den Beweis für die Stabilität des Bauwerks.

21 BROOKLYN BRIDGE SIGHTSEEING

110 South St., zwischen Beekman St. und Peck Slip
www.brooklynbridgesightseeing.com
Tgl. 9–19 Uhr.

Nun ist der Moment gekommen, Abschied zu nehmen von Ihrem Drahtesel.

22 SOUTH STREET SEAPORT

Pier 17 und Umgebung
www.southstreetseaport.com

Nachdem Sie die Hände nun wieder frei haben, können Einkaufstüten oder eine verdiente Portion Pommes den Platz einnehmen. In dem Viertel um den South Street Seaport gibt es Unmengen an Restaurants, Imbisswagen und Geschäften.

Tia Maria

DER KREISLAUF DES LEBENS

Ein echter Schatz, meine Tante Maria. Die New Yorkerin jüdischer Herkunft hat die 70 seit einigen Jahren überschritten, ist aber noch immer frisch wie eine Rose. Sie legt für jeden Mitgefühl an den Tag und gibt ehrenamtlich das Beste.

Ihre jüdischen Kuchen sind unvergleichlich, und ihr Weihnachtsfest, zu dem sie das ganze Viertel einlädt, ist bereits legendär. Mit einer verklemmten Feier hat das nichts zu tun. Die meisten ihrer Gäste sind jung, und der Alkohol fließt reichlich. Es kam sogar vor, dass die wegen nächtlicher Ruhestörung gerufene Polizei die Feier beenden musste. Tia Maria hat gut gelebt und nicht die Absicht, es nun dabei bewenden zu lassen. Indem sie sich mit jungen Leuten umgibt, bleibt sie selbst jung, wie sie behauptet. Und anders als man glauben könnte, ist es bei ihr zu Hause alles andere als altmodisch. Eines Tages habe ich mir erlaubt, sie zu fragen, warum sie nie verheiratet war. »*Well Patrick, because I'm lucky, I guess?*«

Da Tia Maria ihr ganzes Leben in New York verbracht hat, ist sie eine unerschöpfliche Informationsquelle. Als ich den Plan fasste, Stadtführer zu werden, hat sie mich warmherzig dabei unterstützt. Sie hat wirklich an mich geglaubt. Sie hat mir ein Abonnement für zwei wichtige New Yorker Zeitschriften geschenkt, *Time Out New York* und *The New Yorker*. Und um mich anzuregen, unterzieht sie mich regelmäßig einem *pop quiz* über New York City. Immer wenn ich irgendwo blank bin, liefert sie mir detaillierte Erläuterungen.

Als gute Bürgerin der Metropole äußert sie zu allem unverblümt ihre Meinung. Mein Liebesleben ist eine ihrer Lieblingszielscheiben. »Patrick, es ist nicht gut, alleine zu bleiben! Worauf wartest du, um dir eine Frau zu suchen?« Und dabei lacht sie.

Trotz ihrer von Natur aus guten Laune gibt es jedoch ein Thema, das sie sofort in eine New Yorker Furie verwandelt: die Radfahrer. Nicht dran zu denken, bei ihr das neue Citi-Bike-Projekt anzusprechen, das die Stadt entwickelt hat und dem es zu verdanken ist, dass tagtäglich Hunderte von blauen Fahrrädern auf den Straßen unterwegs sind. »Du hörst sie nicht kommen, und sie fahren dich über den Haufen«, argumentiert sie. Um sich zu schützen, geht sie immer mit Stock. Sollten Sie sich in New York jemals auf ein Fahrrad schwingen, verdoppeln Sie also bitte Ihre Vorsicht. Der Verkehr ist chaotisch und gefährlich, aber Tia Maria ist noch gefährlicher!

Tipp von Tia Maria

KATZ'S DELICATESSEN
205 E Houston St.
www.katzsdelicatessen.com
Seit inzwischen mehreren Generationen (seit 1888) serviert Katz's traditionelle jüdische Speisen, eine echte Institution, deren Ruf weit über die Grenzen der Lower East Side und Manhattans hinausreicht. Hunderte Touristen drängen sich dort täglich, um Pastrami und Hotdogs zu genießen. Und auch heute können Sie so wie früher von dort aus eine Salami an Ihren Sohn oder Ihre Tochter in der Armee schicken lassen. Diese Tradition reicht bis zum Zweiten Weltkrieg zurück, als die drei Söhne der Familie Katz ihren Militärdienst leisteten. Katz's Delicatessen ist unter anderem der Ort, an dem sich »Harry und Sally« (Sally täuscht dort einen Orgasmus vor) in dem gleichnamigen Film von 1989 getroffen haben. Wenn Sie Ruhe suchen, gibt es idealere Orte, aber lassen Sie sich das Vergnügen nicht entgehen.

RUSS & DAUGHTERS
179 East Houston St.
www.russanddaughters.com
Ein weiteres Kulturerbe. Seit vier Generationen beeinflusst »Russ & Daughters« die kulinarische Landschaft der Stadt. Hier gibt es Bagels mit Lachs und mit Kaviar. Dieses jüdische Familienunternehmen, das mit einem mobilen Lebensmittelkarren auf der Straße begonnen hat, schmeichelt seit über hundert Jahren den Leckermäulern der Lower East Side.

Radfahren in New York

Die Entdeckung New Yorks mit dem Fahrrad mag an Beliebtheit zunehmen, empfehlenswert ist sie bisher jedoch noch nicht. Zumindest nicht überall. Den Bemühungen der Stadt zum Trotz, zum Fahrradfahren zu ermuntern – insbesondere dank der Citi Bikes, die man inzwischen überall leihen kann –, ist der Weg dorthin noch lang. Kürzlich hat allerdings das bekannte *Bicycling Magazine* New York unter die Top 10 der *radfreundlichen* Städte aufgenommen. Zu verdanken ist dies einem ehrgeizigen Plan, der vorsieht, bis 2030 3000 Kilometer Radwege anzulegen. Kein Zweifel: Die Stadt tut ihr Bestes. Aber es braucht Zeit, um Portland zu überflügeln (einen Hipster-Ort, wo es so viele Fahrradklingeln wie Djemben gibt), das derzeit auf dem ersten

Platz steht. Machen Sie sich daher keine Illusionen. Midtown per Fahrrad zu durchqueren ist kein Kinderspiel. Schlangenlinien um die teils tiefen Schlaglöcher fahren, Autos ausweichen, die von allen Seiten auf sie zugeschossen kommen, alle hundert Meter an einer Ampel halten und vergeblich nach Radwegen Ausschau halten … es gibt amüsantere Aktivitäten!

Im Central Park ist Fahrradfahren hingegen eine herrliche Entspannung und die beste Möglichkeit, diesen außergewöhnlichen Park zu erkunden. Und auch der *Greenway*, der Fahrrad- und Fußweg, auf dem man Manhattan umrunden kann, lohnt einen Umweg. Vergessen Sie auch nicht die *Boroughs*, deren friedliche Straßen es ermöglichen, New York in aller Ruhe zu erkunden und die doch hier und dort ein spektakuläres Panorama bereithalten. Und warum nicht im Mai, wenn der »Five Boro Bike« Sie zusammen mit Tausenden anderen Fahrradliebhabern durch alle *Boroughs* bringt.

FIVE BORO BIKE TOUR
www.bikenewyork.org
ride/five-boro-bike-tour

PEDICABS

Unmöglich, sie in Midtown und rund um den Central Park nicht zu bemerken: Hier wimmelt es von Pedicabs oder Fahrradtaxis, die versessen darauf sind, Touristen anzulocken. Wenn Sie es probieren möchten, lassen Sie sich im Central Park spazieren fahren. Mitten im Verkehr von Midtown wäre es alles andere als vergnüglich.

Besser ist es, ein Pedicab nicht irgendwo auf der Straße zu mieten: Sie Zahlen dort bis zu 5 Dollar pro Minute, während Sie günstiger wegkommen, wenn Sie es über eine Agentur mieten. Steigen Sie auf jeden Fall in kein Fahrradtaxi, ohne zuvor den Preis besprochen zu haben. Es gibt unzählige Geschichten von Touristen, die am Ende einer Fahrt ihr ganzes Geld los waren. Ein Preis, der pro Minute berechnet wird, kann einen wenig gewissenhaften Pedicab-Fahrer nur dazu bringen, möglichst langsam zu fahren.

Why I
never
marri
I got I
I gues

got

ed?

ucky,

s.

TIA MARIA

* Warum ich nie geheiratet habe?
Ich schätze, ich hatte einfach Glück.

IFC
VIVIAN MAIER
GORE VIDAL DOC
WORLD NOT OURS
YOUNG &

David

BUREAUS OF FUN

Tagsüber versorgt David die Werbewelt mit seiner Kreativität, nachts ersinnt er Filmdrehbücher. Und zwischendrin organisiert er ausgeflippte Partys oder erfindet neue Kostüme für die nächste Halloween-Saison. David mangelt es nur selten an Inspiration, und das verdankt er New York. »Eine Fahrt mit der Metro bis Coney Island genügt! Die Inspiration ergibt sich aus den Erlebnissen. Deshalb darf man nie in der Ersten Klasse fliegen, Patrick. Dieses weinende Kind, das Knie, das sich in deine Nierengegend bohrt, das brauchst du einfach alles …«

In New York drängen sich viele kleine und große Werbeagenturen. Das neue World Trade Center wurde übrigens als das trubelige Zentrum des Werbesektors konzipiert. In dieser Welt des überaus harten Wettbewerbs verteidigt David seine Position sehr gut. Er hat bereits Werbekampagnen für so sichere Werte wie Mastercard und Microsoft ausgearbeitet und hat kürzlich anlässlich der Einführung des neuen Kaugummis Trident den DJ und Musikproduzenten Steve Aoki und die britische Musikgruppe Duran Duran zusammengebracht. Natürlich erlebt er auch mal einen Reinfall. So hat er an der Entwicklung einer App mitgewirkt, die unter der Bezeichnung Bureau of Fun alle amüsanten Elemente eines Facebook-Profils hervorheben sollte. Ich hatte gerade zugesagt, das Versuchskaninchen zu spielen, als mir die App ein Foto meiner kurz zuvor verstorbenen Oma präsentierte. Da gab es wohl doch noch einiges zu tun …

ANGELIKA FILM CENTER
18 W Houston St.
www.Angelicafilmcenter.com

Während David seinen Lebensunterhalt mit Werbung verdient, gilt seine wahre Leidenschaft dem Kino. In einer Stadt, in der jedes Jahr 250 neue Spielfilme herauskommen, fühlt er sich wie ein Fisch im Wasser. Als Cineast kennt er alle Drehorte: Er kann Ihnen die Orte zeigen, an denen sich »Spiderman« austobte, wo die »Ghostbusters« ihre Geister bezwungen haben und wo Marilyn Monroe sich von ihrer schönsten Seite gezeigt hat. Auch die schönsten Plätze, um sich einen Film anzusehen, haben für ihn keine Geheimnisse, vom Angelika Theatre in SoHo bis zu den Open-Air-Vorführungen im Brooklyn Bridge Park im Sommer. Vor allem mangelt es ihm aber nicht an Ehrgeiz. Eine seiner Freundinnen hat ihn kürzlich mit Quentin Tarantino zusammengebracht. Ich bin gespannt, was dabei herauskommen wird.

Bill

LIEBE IST BLIND

Sollte es Ihnen bereits abenteuerlich erscheinen, sich im hektischen Verkehr New Yorks fortzubewegen, versuchen Sie es einmal mit geschlossenen Augen! Für Bill, der von Geburt an blind ist, gehört das zur täglichen Routine. Seine Bushaltestelle war direkt vor meiner Tür, und so oft es ging, half ich ihm beim Überqueren der Straße. *»Hey Patrick, it's so nice to see you!«*, begrüßte er mich immer herzlich. Und wir hielten ein Schwätzchen.

Bills Eltern wollten ihren Sohn wie ein gesundes Kind erziehen. Daher ist er durch seine Blindheit nicht wirklich behindert, auch wenn sie ihn zwingt, in seinem Alltag einige Anpassungen zu akzeptieren ... beispielsweise um Hilfe beim Überqueren der Straße zu bitten. »*White is walk, red is run*«, lautet seine Devise. In New York achten die Passanten nicht sonderlich auf die Ampeln. Bill macht es genauso.

Er ist übrigens an skurrile Reaktionen gewöhnt. Manche glauben, dass er betteln will, und geben ihm Geld. Und in der Metro brach ein Drogensüchtiger in Tränen aus vor lauter Verzweiflung, dass er es nicht schaffte, Ordnung in sein Leben zu bringen, während es einem Nicht-Sehenden gelang. Normalerweise hängt sich Bill am Arm seines Führers ein, es ist ihm jedoch passiert, dass er auf eine Frau traf, die so große Angst vor Männern hatte, dass sie sich weigerte, von ihm berührt zu werden: Um ihr zu folgen, musste er sich auf ihre Stimme verlassen! Er könnte sich einen Blindenhund zulegen, zieht jedoch ein Geleit vor, das er nicht füttern muss – seinen treuen Blindenstock.

Bill vertritt die Ansicht, dass es immer am besten ist, zu lachen. Führt er nicht ein ausgefülltes und glückliches Leben? Das Mädchen, das ihm vor 40 Jahren in einem Flugzeug nach Israel geholfen hat, sein Steak zu schneiden, hat diese Tätigkeit bei der Hochzeitstorte weitergeführt. Er arbeitet als Versicherungsvertreter, in seiner Freizeit spielt er Klavier und singt in einem Chor. Mit seiner Frau macht er viele Ausflüge. Vor allem, um ihr damit eine Freude zu machen, denn es fällt ihm schwer, das Empire State Building so richtig zu würdigen. Hingegen genießt er Rundfahrten mit der »Circle Line«, weil er den Erklärungen des Führers zuhören kann und den Luftzug auf der Haut spürt. Er besucht auch gerne Museen, die eine akustische Beschreibung anbieten, insbesondere das Museum of Natural History, das er bereits aus Kindertagen kennt.

Manchmal hat die Blindheit auch Vorteile. Beim letzten großen Blackout, als die Stadt ohne Strom war, hatte Bill Freunde zu Besuch. Er verstand es, ihre Ängste zu besänftigen, und geleitete dann einen nach dem anderen durch das dunkle Treppenhaus. Dieses Mal waren sie auf ihn angewiesen.

Tipp von Bill

ADRIATIC PIZZA

321 1st Ave., b/t W Stuyvesant Loop & 19th St. in Stuyvesant Town, Gramercy
www.adriatic-pizza.com
Bills Lieblingsrestaurant im Quartier der italienischen Adria. Keine kulinarischen Meisterwerke, aber leckeres Essen. Probieren Sie die Pizza *Eggplant Parmesan* (Auberginen mit Parmesan)!

Taxis in New York

Auf den Straßen von New York City sind die *Yellow Cabs* das vielleicht typischste Merkmal. Es gibt etwa 15 000 davon, dennoch ist es in Spitzenzeiten manchmal unmöglich, eines zu ergattern!

Wenn Sie ein Taxi brauchen, genügt es, die Hand zu heben. Vergewissern Sie sich jedoch zuvor, dass die Taxi-Nummer vorne am Autodach leuchtet. Ist dies nicht der Fall, ist das Taxi besetzt.

Es ist absolut in Ihrem Interesse, das Taxi zu besteigen, bevor Sie dem Fahrer das Fahrtziel genannt haben. Als Kunde haben Sie im Prinzip das Recht, ans Ziel Ihrer Wahl und auf der Strecke Ihrer Wahl gefahren zu werden. In der Praxis lehnen die Fahrer es häufig ab, weniger beliebte Ziele anzufahren. Halten Sie den Sitzplatz aber bereits besetzt, vermeiden Sie, dass dieses hart erkämpfte Taxi kurzen Prozess macht und Sie einfach stehen lässt.

GRÜNE TAXIS

Die grünen Taxis sind leider nicht der Beginn eines neuen ökologischen Zeitalters, denn es handelt sich um *Boro Taxis*, die für die Versorgung in den Außenbezirken eingerichtet wurden, die von den Gelben Taxis links liegen gelassen werden. Eine Fahrt an den Stadtrand ist nicht sonderlich lukrativ. Daher ziehen es die meisten *Yellow*

Cabs vor, in Midtown Manhattan ihre Runden zu drehen.

Die *Boro Taxis* funktionieren wie ihre gelben Kollegen, mit dem Unterschied, dass sie niemanden außerhalb der East 96th Street oder West 110th Street und auch nicht zu den Flughäfen JFK und LaGuardia befördern dürfen.

FUN FACT

Keine andere Stadt der Welt ist für ihre gelben Taxis so bekannt wie New York. Dabei wurde die Yellow Cab Company 1914 nicht in New York, sondern in Chicago gegründet. Der Inhaber John Hertz soll auf die Idee mit dem Gelb durch eine Studie der Universität von New York gekommen sein, die sich damit beschäftigte, welche Farbe unsere Augen am schnellsten wahrnehmen. Es hätte also nicht viel gefehlt, und in New York hätte es von rosa Autos wimmeln können!

FUN FACT

Wussten Sie, dass die Lizenz für ein *Yellow Cab* über eine Million Dollar kosten kann? Die grünen Konkurrenten sind deutlich preiswerter. Ursprünglich wechselte die Lizenz für kaum 1500 Dollar den Besitzer. Heute liegt der Preis bei etwa 15 000 Dollar.

Subway

Das Benutzen der *Subway* ist eine Kunst für sich. Die folgenden Tipps können Ihnen die Aufgabe erleichtern.

STRECKE

Unter der Erde und inmitten der Menschenmenge kann es schwierig werden, den Weg zu finden. Besser machen Sie sich mit der Strecke daher vertraut, bevor Sie sich in die Tiefen der Metro begeben. Sie schaffen es alleine nicht? Wenden Sie sich an den erstbesten New Yorker. Es wird ihm ein Vergnügen sein, Ihnen zu helfen.

Überprüfen Sie zuerst immer die Informationen über dem Eingang. Einige fahren nur *uptown* oder *downtown*. Häufig gibt es einen *underground overpass* (eine unterirdische Verbindung zu dem Bahnsteig, an dem Sie die Metro in der Gegenrichtung nehmen können), das ist aber nicht immer so.

Zahlreiche Apps für Ihr Smartphone können Ihnen helfen, sich mit der Metro zurechtzufinden. Die meisten Haltestellen sind mit Sendeantennen ausgestattet, sodass Ihnen Echtzeit-Infos zugänglich sind und Sie im äußersten Notfall sogar Ihren Stadtführer zu Hilfe rufen können.

FUN FACT

Um legal in der Metro aufzutreten, müssen Künstler ein Auswahlverfahren durchlaufen. Jedes Jahr werden etwa 60 Bewerbungen ausgewählt, und die Kandidaten haben fünf Minuten, um die professionelle Jury zu überzeugen. Die glücklichen Gewinner erhalten die Erlaubnis, das Publikum in der New Yorker Metro zu unterhalten. Sie werden dafür nicht bezahlt, dürfen aber natürlich Spenden annehmen.

EXPRESS ODER LOCAL TRAIN

Sollte Ihr Ziel weit entfernt sein, springen Sie am besten in einen Expresszug: Da diese nur an wichtigen Bahnhöfen halten, sind sie viel schneller.

Auf den meisten Streckenplänen sind Haltestellen, die Expresszügen vorbehalten sind, mit einem weißen Kreis markiert, und solche, wo nur die *local trains* halten, mit einem schwarzen Kreis. Die Züge selbst werden auf den Informationstafeln mit LCL (local) oder EXP (Express) gekennzeichnet.

Hüten Sie sich also vor einem Expresszug, wenn Ihr Reiseziel ein Bahnhof für *local trains* ist. Ansonsten sausen Sie mit hoher Geschwindigkeit hindurch und können sich erst einige Haltestellen danach auf die Suche nach einem Lokalzug machen, der Sie wieder zurückbringt. Zu dem Zeitverlust kommen erschwerend also noch emotionale Folgen hinzu wie Überraschung, Verwirrung, Enttäuschung und Verärgerung.

FUN FACT

Morgens brauchen New Yorker durchschnittlich 40 Minuten bis zu Ihrem Arbeitsplatz, und mehr als fünf Millionen von ihnen nutzen dafür die Metro. Hinsichtlich der Fahrgastzahlen nimmt die Metro von New York weltweit nur den sechsten Platz ein – die Metro von Tokio hat doppelt so viele Nutzer –, sie kann jedoch mit den meisten Linien und den meisten Haltestellen aufwarten und hat an Schienen beinahe das Dreifache von London, das mit einer Ausnahme das längste Metronetz besitzt. New York ist zudem der glückliche »Erfinder« des *No Pants Subway Ride*. An einem Tag im Januar fahren Tausende ohne Hose Metro.

WIE WIRD FÜR DIE SUBWAY BEZAHLT?

Es gibt zwei Möglichkeiten, für die Subway zu bezahlen. Bei jeder Einzelfahrt oder mit einer *unlimited*-Karte, die Ihnen für einen bestimmten Zeitraum unbegrenzte Nutzung sichert. Der Preis für eine Einzelfahrt beträgt 2,50 Dollar. Sie können sich eine *unlimited*-Karte für einen Tag (7,50 Dollar), eine Woche (30 Dollar) oder einen Monat (112 Dollar) kaufen.

Wussten Sie, dass Sie ein und dieselbe Karte mit Zeit und mit Geld aufladen können? Das Geld wird erst abgebucht, wenn das Ablaufdatum naht.

Wenn Sie pro Fahrt bezahlen, können maximal vier Personen mitfahren. Eine unbegrenzte Karte ist natürlich personenbezogen.

Die *subway tickets* werden am Eingang praktisch aller Haltestellen verkauft. An den großen Automaten kann bar oder mit Kreditkarte bezahlt werden. Die kleinen Automaten akzeptieren nur Kreditkarten. Der Automat fragt nicht nach Ihrer Geheimzahl, aber nach Ihrem *zipcode* (Postleitzahl).

MIGRANTEN IN NEW YORK

GRÖSSTE **CHINESISCHE**
GEMEINDE AUSSERHALB ASIENS

90 000

GRÖSSTE **JÜDISCHE**
GEMEINDE AUSSERHALB ISRAELS

1 500 000

BEINAME **JEW YORK**

DIE GRÖSSTE
PUERTO-RICANISCHE
GEMEINDE

723 500

ILLEGALE EINWANDERER

535 000

44%	WEISSE
28%	LATINOS
25%	SCHWARZE
12%	ASIATEN
0,7%	AMERIKANISCHE UREINWOHNER
0,1%	PAZIFIKINSULANER

48%

SPRECHEN NOCH EINE ANDERE SPRACHE ALS ENGLISCH

40%

SIND IM AUSLAND GEBOREN

SPAZIERGANG

7

MULTI-KULTI-TOUR

THE VILLAGES

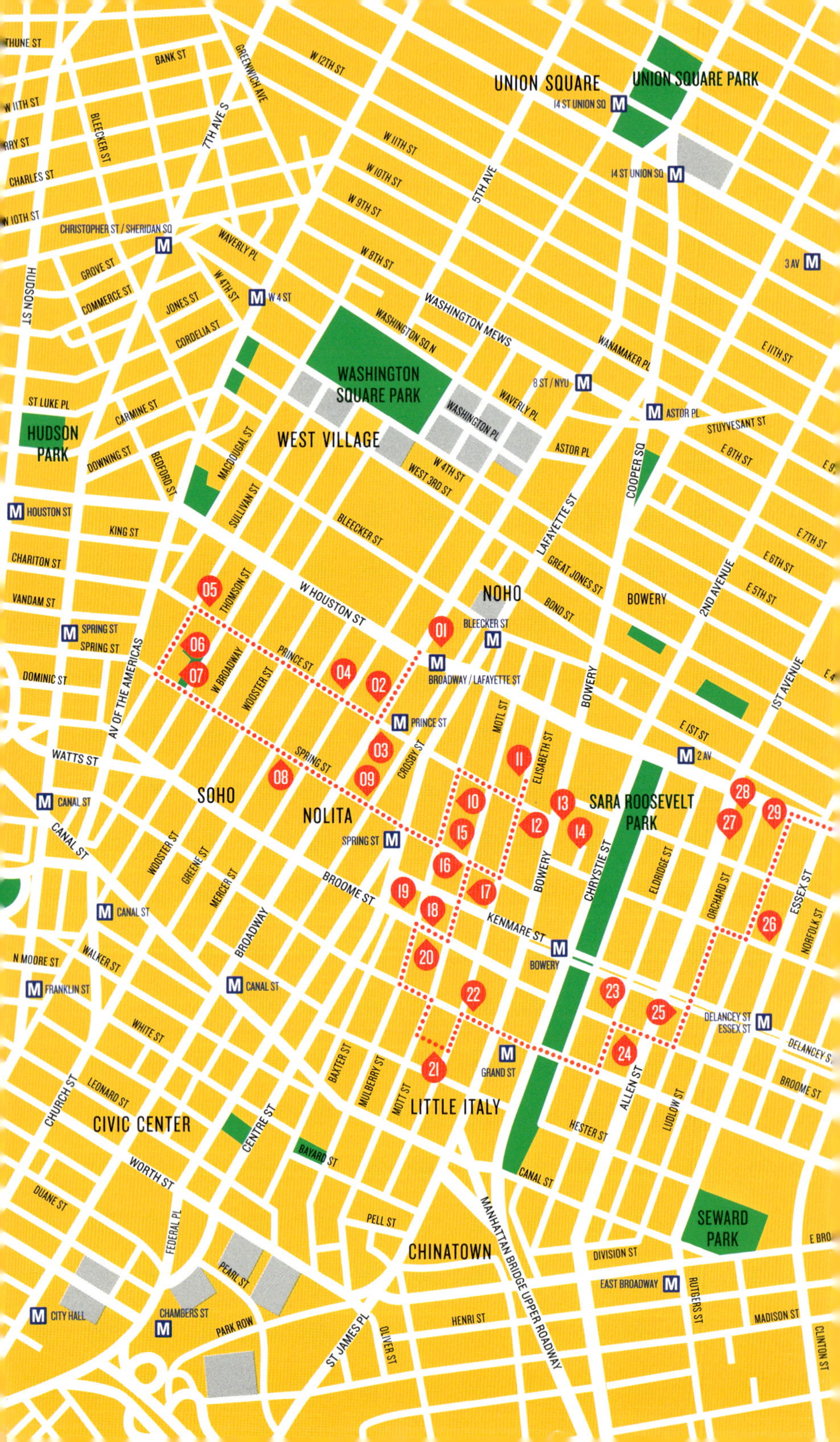
UNION SQUARE
UNION SQUARE PARK
14 ST UNION SQ
WASHINGTON SQUARE PARK
WEST VILLAGE
HUDSON PARK
NOHO
BOWERY
SOHO
NOLITA
SARA ROOSEVELT PARK
LITTLE ITALY
CIVIC CENTER
CHINATOWN
SEWARD PARK
BANK ST
W 12TH ST
GREENWICH AVE
W 11TH ST
W 10TH ST
W 9TH ST
W 8TH ST
5TH AVE
7TH AVE S
BLEECKER ST
CHARLES ST
CHRISTOPHER ST / SHERIDAN SQ
WAVERLY PL
GROVE ST
COMMERCE ST
JONES ST
W 4TH ST
W 4 ST
CORDELIA ST
HUDSON ST
WASHINGTON MEWS
WASHINGTON SQ N
WANAMAKER PL
E 11TH ST
3 AV
8 ST / NYU
ASTOR PL
STUYVESANT ST
E 8TH ST
ST LUKE PL
CARMINE ST
DOWNING ST
BEDFORD ST
MACDOUGAL ST
WASHINGTON PL
W 4TH ST
WEST 3RD ST
COOPER SQ
LAFAYETTE ST
HOUSTON ST
KING ST
SULLIVAN ST
E 7TH ST
E 6TH ST
E 5TH ST
CHARITON ST
VANDAM ST
SPRING ST
THOMSON ST
W HOUSTON ST
GREAT JONES ST
BOND ST
2ND AVENUE
BLEECKER ST
BROADWAY / LAFAYETTE ST
DOMINIC ST
PRINCE ST
W BROADWAY
WOOSTER ST
AV OF THE AMERICAS
1ST AVENUE
MOTT ST
E 1ST ST
2 AV
WATTS ST
SPRING ST
CROSBY ST
ELISABETH ST
CANAL ST
BOWERY
CHRYSTIE ST
ELDRIDGE ST
ORCHARD ST
ESSEX ST
NORFOLK ST
GREENE ST
MERCER ST
BROOME ST
KENMARE ST
N MOORE ST
WALKER ST
FRANKLIN ST
WHITE ST
DELANCEY ST
ESSEX ST
GRAND ST
BAXTER ST
MULBERRY ST
ALLEN ST
LUDLOW ST
CHURCH ST
LEONARD ST
CENTRE ST
BAYARD ST
HESTER ST
WORTH ST
DUANE ST
PELL ST
MANHATTAN BRIDGE UPPER ROADWAY
FEDERAL PL
PEARL ST
DIVISION ST
EAST BROADWAY
RUTGERS ST
CITY HALL
CHAMBERS ST
PARK ROW
ST JAMES PL
OLIVER ST
HENRI ST
MADISON ST
CLINTON ST
01
02
03
04
05
06
07
08
09
10
11
12
13
14
15
16
17
18
19
20
21
22
23
24
25
26
27
28
29

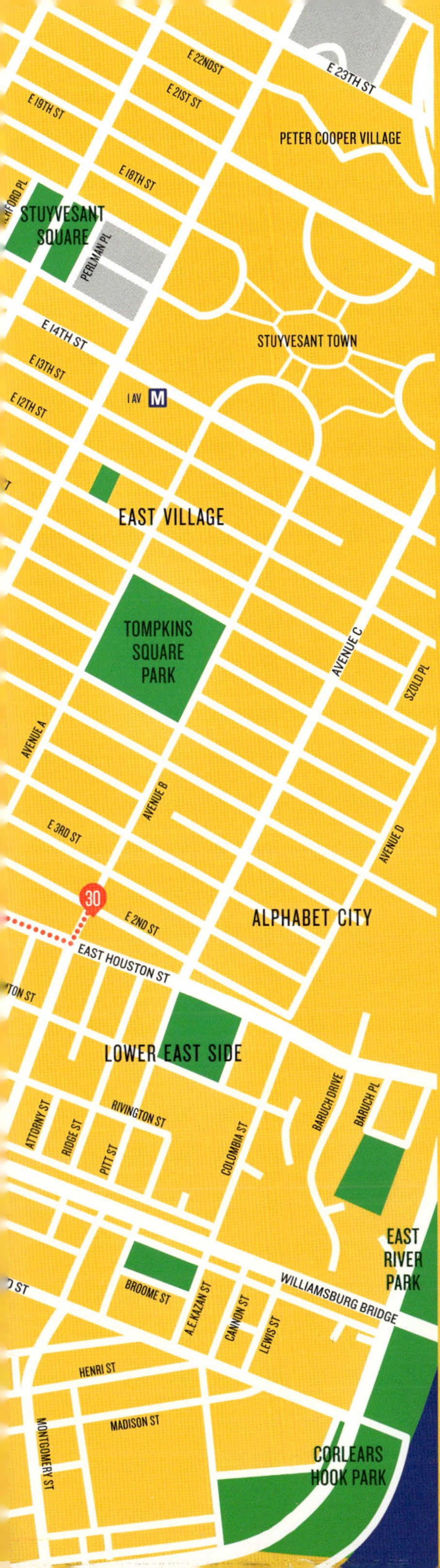

MULTI-KULTI-TOUR

THE VILLAGES

3–4 STUNDEN

1. ADIDAS
2. CONVERSE
3. PRADA
4. THE MERCER HOTEL
5. THE DUTCH
6. BLUE RIBBON
7. DOMINIQUE ANSEL BAKERY
8. THE EVOLUTION STORE
9. MOMA DESIGN STORE
10. CHROME INDUSTRIES
11. LE LABO
12. PUBLIC
13. NEW MUSEUM
14. FREEMANS ALLEY EN RESTAURANT
15. RICE TO RICHES
16. LOMBARDI'S PIZZA
17. EPISTROPHY CAFE
18. PAPABUBBLE
19. HAPPY BONES
20. MULBERRY STREET BAR
21. DELUXE FOOD MARKET
22. BOWERY SAVINGS BANK
23. PANADE PUFFS & PASTRIES
24. ATTABOY
25. LOWER EAST SIDE TENEMENT MUSEUM
26. ECONOMY CANDY
27. ROCKWOOD MUSIC HALL
28. RUSS & DAUGHTERS
29. KATZ'S DELICATESSEN
30. WAFELS & DINGES CAFE

New York war schon immer eine Einwanderungsstadt. Auf der Suche nach einem besseren Leben strömten die Menschen aus aller Herren Länder hierher. Aus der Vermischung ihrer Gewohnheiten, ihrer Traditionen und ihrer Ideen ist die vielgestaltigste Metropole entstanden: eine Stadt, die deshalb so besonders groß ist, weil sie eine Welt im Miniaturformat darstellt. Der Genius von New York ist die Vielfalt, die zugleich als Bindeglied und Antriebskraft dient.

Dieser Spaziergang führt Sie von SoHo über NoLIta, Little Italy, China Town und die Lower East Side nach Alphabet City. Unterwegs erwartet Sie eine Fülle an Geschäften, Restaurants, Hochburgen der Kultur und architektonischen Schätzen. Viel Vergnügen!

1 ADIDAS

590 5th Ave.
www.adidas.com
Mo–Sa 10–21 Uhr, So 11–19 Uhr.

Jede Kette, die etwas auf sich hält, hat auf der 5th ihr *Flaggschiffgeschäft*. Eine große Sportmarke wie Adidas macht da natürlich keine Ausnahme. Dieses Akronym wurde aus dem Namen des Firmengründers gebildet, Adolf (Adi) Dassler. Das soll Sie jedoch nicht daran hindern, wie es der Song A.D.I.D.A.S. der Rockband KoRn empfiehlt, den ganzen Tag lang an Sport zu denken. Oder doch eher an Sex?

2 CONVERSE

560 Broadway, Ecke Prince St.
www.converse.com
Mo–Fr 10–20 Uhr, Sa 10–21 Uhr, So 11–19 Uhr.

»Wo kann ich All Stars kaufen?« Auf diese immer wiederkehrende Frage lautet die Antwort »hier«! Die meisten amerikanischen Marken sind hier etwas preiswerter als in Europa. Bei einem günstigen Umrechnungskurs EUR/USD können Sie dabei ein gutes Geschäft machen. Anschließend begeben Sie sich mit Ihren neuen personalisierten Schuhen wieder auf Wanderschaft in den Straßen New Yorks.

3 PRADA

575 Broadway, Ecke Prince St.
www.prada.com
Mo–Sa 10–19 Uhr, Do 10–20 Uhr, So 11–18 Uhr.

Das Konzept dieses Ladens gibt Aufschluss über das leicht dekadente Image dieser sexy Teufelsmarke. Die karge Dekoration lässt eher an ein Museum als an ein Geschäft denken. Wenn Sie zu denen gehören, die ein solches *prime real estate* auch so minimalistisch einrichten (oder eher unter seinen Möglichkeiten lassen) würden, werden Sie begeistert sein!

4 THE MERCER HOTEL

99 Prince St., Ecke Mercer St.
www.mercerhotel.com

Das kleine Luxushotel verströmt eine typische New Yorker Atmosphäre. Die Lobby, genau wie das restliche Hotel stark frequentiert, zeichnet sich durch eine ebenso intelligente wie elegante Einrichtung aus. Das Restaurant ist im Keller, was man über die Qualität der Speisen absolut nicht sagen muss. Früher beherbergte das Haus die Büros der Familie Astor, einer der (einfluss)reichsten Familien New Yorks. Die Zeiten haben sich geändert, der Luxus ist geblieben.

5 THE DUTCH

131 Sullivan St., Ecke Prince St.
www.thedutchnyc.com
Mo–Mi 11.30–23 Uhr, Do/Fr 11.30–24 Uhr, Sa 10–24 Uhr, So 10–23 Uhr.

Wenn Ihr Date vorschlägt, *to go Dutch*, ist damit sicher nicht gemeint, Sie in dieses Restaurant mitzunehmen. »Going Dutch« bedeutet, dass jeder sein Essen selbst bezahlt. Angesichts der Preise ist es vielleicht keine schlechte Idee, »going Dutch in The Dutch«. Damit vermeiden Sie das Modell »going Greek«, bei dem die Rechnung komplett auf den Gast geht. Dieses Restaurant mit amerikanischer Küche hat mit den Niederlanden nichts zu tun: Der Name hat den Gründern ganz einfach gefallen …

6 BLUE RIBBON

97 Sullivan St. zwischen Spring St. und Prince St.
www.blueribbonrestaurants.com
Tgl. 16–4 Uhr.

Hier hat alles angefangen. Nach ihrer Ausbildung in Frankreich haben die Brüder Bruce und Eric Bromberg hier das erste »Blue Ribbon«-Restaurant gegründet. Seit 1992 erfreuen sie ihre Gäste mit unwiderstehlichen Gerichten, die man bis in die frühen Morgenstunden genießen kann.

7 DOMINIQUE ANSEL BAKERY

189 Spring Street, SoHo
www.dominiqueansel.com
Mo–Sa 8–19 Uhr, So 9–19 Uhr.

Hier sind Sie im Haus des Cronuts! Nein, das ist kein Höhlenbewohner, sondern eine Mischform aus Croissant und Donut, manchmal auch als Croissant-Beignet bezeichnet, die eine große Fangemeinde hat. Steht keine Schlange vor dem Laden, bedeutet es, dass die Cronuts ausverkauft sind oder dass Sie sehr viel Glück haben. Guten Appetit!

8 THE EVOLUTION STORE

120 Spring St.
www.theevolutionstore.com
Tgl. 11–19 Uhr.

In diesem Laden mit Scherzartikeln wimmelt es von Skeletten, Dinosaurier-Figuren, ausgestopften Tieren und weiteren Kuriositäten. Die Werkstatt hat sogar einen eigenen Präparator. Sie können ihm ohne Bedenken Ihren Ur-Ur-Großvater und weitere Fossilien anvertrauen, damit er sie in aller Schönheit konserviert. Um sich Ärger zu ersparen, sollten Sie damit allerdings warten, bis diese in die ewigen Jagdgründe eingegangen sind!

9 MOMA DESIGN STORE

81 Spring St. zwischen Crosby St. und Broadway
www.momastore.org
Mo–Sa 10–20 Uhr, So 11–19 Uhr.

Geben Sie nicht Ihr gesamtes Geld beim Shopping aus, bevor Sie nicht im MoMA Design Store gewesen sind. Bei dieser großen Auswahl an Kunst- und Design-Spielereien werden Sie sicher das ideale Trostpflaster für die armen Unglücklichen finden, die nicht mit Ihnen nach New York kommen konnten.

10 CHROME INDUSTRIES

238 Mulburry St. zwischen Spring St. und Prince St.
www.chromeindustries.com
Mo–Sa 11–20 Uhr, So 12–19 Uhr.

Aus Chromleder lassen sich Kleidungsstücke für die Stadt und Accessoires anfertigen, die wetterfest sind und sich auch beim Radfahren und auf dem Moped nicht so schnell abnutzen. Damit können Sie selbst bei einem Platzregen die Muskeln spielen lassen. *Army*-tauglich mit einem trendigen Touch. Ideal für das Überleben auf den Straßen New Yorks!

11 LE LABO

233 Elisabeth St. zwischen Prince und E Houston St.
www.lelabofragrances.com
Mo–So 11–19 Uhr.

In diesem Labor mixen schöpferische Geister auf Anfrage und nach Maß Parfüms. Sogar die Verpackung ist personalisiert. Allerdings sind die Preise auch entsprechend: Mit durchschnittlich 250 Dollar sind diese Wohlgerüche für den kleinen Geldbeutel weniger geeignet!

12 PUBLIC

210 Elisabeth St. zwischen Prince und Spring St.
www.public-nyc.com
Mo–Do 18–23 Uhr, Fr/Sa 18–24 Uhr, So 18–22.30 Uhr.

»Public« verbindet ein Industrie-Dekor mit einer romantischen und erholsamen Atmosphäre. Die Küche, die als *free-spirited fusion* bezeichnet wird, ist so lecker, dass Sie anerkennend durch die Zähne pfeifen werden.

13 NEW MUSEUM

235 Bowery zwischen Stanton und Rivington St.
www.newmuseum.org
Mi–So 11–18 Uhr, Do 11–21 Uhr.

Weit davon entfernt, sich berühmten, aber verstorbenen Künstlern zu widmen, versucht das New Museum, die Kluft zwischen sicheren Werten und Gegenwartskünstlern zu überbrücken, die ihre *Likes* nicht erst post mortem finanziell gewürdigt sehen möchten. Als Brutkasten neuer Ideen und Plattform für einen Austausch ist dies ein tolles Museum in einem attraktiven Gebäude.

14 FREEMANS ALLEY UND RESTAURANT

Freeman Alley zwischen Bowery und Chrystie St.
www.freemansrestaurant.com
Mo–Fr 11–23.30 Uhr, Sa/So 10–23.30 Uhr.

Im Prinzip ermuntere ich niemanden, sich in die dunklen Gassen New Yorks zu wagen, aber versäumen Sie es nicht, einen Blick ans Ende dieser Straße zu werfen. »Freeman's Restaurant« ist in gewisser Weise die Restaurant-Version eines *Speakeasy*. Seine schmale Fassade verbirgt *hipster vibes*, einen hochwertigen Service und eine köstliche Küche.

15 RICE TO RICHES

37 Spring St. zwischen Mulberry St. und Mott St.
www.ricetoriches.com
So–Do 11–23 Uhr, Fr/Sa 11–1 Uhr.

Im Paradies isst man einfachen Milchreis mit kleinen Goldlöffeln. Sechs Etagen höher jedoch haben Sie die Wahl zwischen 21 Sorten Reisdessert oder *rice puddings* mit so *originalen* Geschmacksrichtungen wie Blauschimmelkäse oder Kokos-Curry. Mit einer Garnierung beispielsweise aus *Jesus droppings* (gemischten Nüsse und Brownie-Streuseln) wird dem Ganzen noch etwas Knuspriges verliehen.

16 LOMBARDI'S PIZZA

32 Spring St., Ecke Mott St.
www.firstpizza.com
Do–So 11.30–23 Uhr, Fr/Sa 11.30–24 Uhr.

Erlauben Sie mir, Ihnen die älteste Pizzeria der Vereinigten Staaten vorzustellen (1905 gegründet!). Authentischer geht es nicht. Trotz ihres *kanonischen Alters* ist die Pizza noch genießbar. Aber die Rechnung ist gesalzen, die Dessertkarte glänzt durch Abwesenheit, und hier gilt *cash only*.

17 EPISTROPHY CAFE

200 Mott St. zwischen Spring und Kenmare St.
www.epistrophycafe.com
Tgl. 11–24 Uhr.

Das »Epistrophy« ist ein einfaches italienisches Bistro, aber reizvoll, mit zusammengewürfeltem Mobiliar und Rezepten *della mamma*. Die familiäre Atmosphäre wird durch etwas Jazzmusik im Hintergrund unterstrichen. Sonntags abends sogar live. Sehr sympathisch!

18 PAPABUBBLE

380 Broome St. zwischen Mulberry und Mott St.

www.papabubbleny.com

Mo–Mi 12–18 Uhr, Do–Sa 12–21 Uhr, So 12–18 Uhr.

In diesem hinreißenden Laden stellen Zuckerkünstler per Hand bunte Bonbons her. Gehen Sie ruhig hinein, wenn Sie ihnen bei der Arbeit zusehen möchten. Vergessen Sie vor allem nicht, die Ergebnisse zu probieren!

19 HAPPY BONES

394 Broome St.

www.happybonesnyc.com

Mo–Fr 7.30–19 Uhr, Sa/So 8–19 Uhr.

Zum Wachwerden gibt es nichts Besseres als Kaffee aus glücklichen Bohnen! Noch dazu, wo das ethisch verantwortungsvoll gewonnene Koffein das Herz besänftigt und das Gewissen reinwäscht!

20 MULBERRY STREET BAR

176 Mulberry St., Ecke Broome St.

Mo–Sa 11–4 Uhr, So 12–4 Uhr.

Hier befinden Sie sich mitten in Little Italy, in einer der ältesten Kneipen von New York, die ihre Glanzzeiten gehabt hat, denn sie diente zahlreichen Filmen und TV-Serien als Kulisse, beispielsweise »*The Godfather*« (»Der Pate«) oder »*Die Sopranos*«.

21 DELUXE FOOD MARKET

79 Elizabeth St. zwischen Grand und Hester St.

www.freemansrestaurant.com

Mo–So 7–20.30 Uhr.

Machen Sie einen kleinen Umweg durch diesen chinesischen Supermarkt, um das Spiel zu spielen »Von welchem Tier ist das?«. Kleiner Tipp gefällig? Krokodil und Frosch zählen zu den Möglichkeiten. Während des Besuchs Hunde besser an der Leine lassen!

22 BOWERY SAVINGS BANK

128–130 Bowery, zwischen Grand und Broome St.

Mit seinem klassisch-römischen Stil war der ehemalige Hauptsitz der Bowery Savings Bank eine Premiere. Mit seiner sichtbaren Robustheit sollte er den Kunden überzeugen, dass seine Ersparnisse hier sicher sind. Falsche Versprechungen sind noch immer aktuell, inzwischen werden sie jedoch nicht mehr von der Bowery Savings Bank gemacht, die umgezogen ist. Heute dient der prunkvolle Raum für Hochzeiten!

23 PANADE PUFFS & PASTRIES

129 Eldridge St. zwischen Broome und Delancey

www.panade.com

Mo–Fr 8–19.30 Uhr, Sa/So 9–19.30 Uhr.

Wie wäre es mit einer Verschnaufpause bei Kaffee und Gebäck? Aber Vorsicht: Das eine wie das andere hat Suchtpotenzial!

24 ATTABOY

134 Eldridge St. zwischen Broome & Delancey St.

Mo–So 18–3.30 Uhr.

Das »Attaboy« ist eine kleine, unauffällige Cocktailbar, die zu der breiten Palette der New Yorker *Speakeasys* gehört. Sollte es noch nicht 18 Uhr sein, müssen Sie später noch mal wiederkommen, was sich für die meisterlich gemixten Getränke absolut lohnt. Das einzige Problem besteht darin, den Eingang zu finden!

25 LOWER EAST SIDE TENEMENT MUSEUM

103 Orchard St. zwischen Broome und Delancey St.

www.tenement.org

Fr–Mi 10–18.30 Uhr, Do 10–20.30 Uhr.

Dieses Museum erzählt die Geschichte der vielen tausend Immigranten, die in den zahlreichen Mietshäusern (*tenements*) der Lower East Side lebten. Die thematischen Führungen sind originell und beeindruckend.

26 ECONOMY CANDY

108 Rivington St. zwischen Ludlow und Essex St.

www.economycandy.com

Mo 10–18 Uhr, Di–Fr 9–18 Uhr, Sa 10–18 Uhr.

Die gewaltigen Bonbonbestände von »Economy Candy« würden ausreichen, um alle Welt an Diabetes erkranken zu lassen. Sollten Sie daran zweifeln, überschätzen Sie die Bevölkerung unseres Planeten. Tatsache ist jedenfalls, dass das nationale wie internationale Sortiment atemberaubend ist! Gummischlangen, Zauberwürfel, Bonbonketten und Schoko-Zigaretten: Nichts fehlt!

27 ROCKWOOD MUSIC HALL

196 Allan St. zwischen Houston und Stanton St.

www.rockwoodmusichall.com

Jeden Abend ab 18 Uhr geben talentierte Künstler auf den drei Bühnen des »Rockwood« ihr Bestes. In der Regel ist der Eintritt frei. Eine obligatorische Zwischenstation für alle Musikliebhaber, die etwas auf sich halten.

28 RUSS & DAUGHTERS

179 E Houston St. zwischen Allen und Orchard St.

www.russanddaughters.com

Mo–Fr 8–20 Uhr, Sa 9–19 Uhr, So 8–17.30 Uhr.

Sind Sie nach diesem langen Spaziergang *hungry* geworden? Absolut normal, denn »Oyf a nikhtern mogn ken men keyn zakh nit fartrogn«. Wenn Sie hier mit diesen Worten vorsprechen, wird man Sie mit Vergnügen bedienen. Wundern Sie sich jedoch nicht, wenn man mit Ihnen weiter auf Jiddisch *schmoozen* möchte.

29 KATZ'S DELICATESSEN

205 E Houston St., Ecke Ludlow St.

www.katzsdelicatessen.com

Mo–Mi 8–22.45 Uhr, Do 8–24 Uhr, Fr/Sa rund um die Uhr, So 12–22.45 Uhr.

»Send A Salami To Your Boy In The Army«: So lautet seit dem Zweiten Weltkrieg der Slogan von Katz. Damit können sich die Soldaten in einsamen Momenten mit guten Produkten trösten, die ihnen von ihren Lieben geschickt wurden. Probieren Sie Pastrami: Es ist über jeden Verdacht erhaben! Und vergessen Sie das Ticket nicht, das Sie beim Hereinkommen erhalten haben: Sie brauchen es beim Hinausgehen wieder.

30 WAFELS & DINGES CAFE

Ave. B und 2nd St.

www.wafelsanddinges.com

So–Mi 8–23 Uhr, Do 8–1 Uhr, Fr/Sa 8–2 Uhr.

Für diesen Spaziergang gibt es keinen besseren Abschluss als eine der hier angebotenen göttlichen Waffeln.

上海新
SUN LOK
DOYERS ST

Sapphire

ANDREW

KÖNIG DER NACHT

Auf Andrew traf ich bei einem meiner nächtlichen Abenteuer. Er ist für eine Reihe von Clubs *Nightlife Consultant* und kennt das Nachtleben wie seine Hosentasche. Begonnen hat er ganz unten an der Karriereleiter, in einer zweifelhaften Bar des East Village, wo er bis in die frühen Morgenstunden mitten in einem gefährlichen Viertel arbeitete. Eines schönen Abends beschloss ein unzufriedener Gast, Rabatz zu machen, und der von drei Kugeln getroffene Rausschmeißer überlebte nur dank Andrews Erste-Hilfe-Versorgung. Der positiv beeindruckte Eigentümer zögerte nicht, ihn zum Geschäftsführer zu ernennen. Eine Beförderung, die ihm als Sprungbrett dienen sollte.

Andrews Erzählungen muten manchmal wie aus einem Film an. In seiner Zeit als Geschäftsführer des »Gansevoort«, einer *Rooftop Bar* in Chelsea, besuchte ihn ein saudischer Prinz und kaufte seine gesamten Champagner-Bestände für 50 000 Dollar. Anschließend öffnete er die Flaschen im Pool, um sie als Wasserpistolen zu nutzen. Und kürzlich hat Andrew nicht gezögert, Justin Bieber abzuweisen, der mit seinem kleinen Hofstaat bei ihm anklopfte. Eine typische New Yorker Reaktion. Geld und Ruf allein genügen nicht. Wenn Sie kein gutes Image haben, bleiben Sie draußen. Aus, basta. Gelegentlich wird niemand hereingelassen. So hat ein neuer, höchst elitärer Club ein paar Wochen lang niemanden hereingelassen. So kann man sich natürlich auch den Ruf der Exklusivität zimmern.

Von Andrew habe ich auch den *handshake* auf New Yorker Art gelernt. Sehr nützlich, um völlig unauffällig einem Türsteher Geld zuzustecken. Der Schein muss so gefaltet sein, dass der Begünstigte sofort sieht, wie viel es ist und damit einen richtigen ersten Eindruck bekommt. Türsteher sind in der Tat allmächtig, und Ihr Zutrittsrecht hängt von zahlreichen Faktoren ab. Um alle Chancen auf Ihrer Seite zu haben, sollten Sie frühzeitig und in Abendkleidung kommen, umgeben von hübschen Mädchen, durchdrungen von den Regeln des Nachtlebens und bereit, das Spiel zu spielen. Ist das Hindernis »Türsteher« erst einmal überwunden, verläuft der weitere Abend ohne Zwischenfall. Es sei denn, man heißt Lindsay Lohan. Nachdem sie sich total betrunken und für Streit gesorgt hatte, wurde sie auf Anordnung von Andrew freundlich hinauskomplementiert. Allerdings durch die Hintertür, um Paparazzi auszuschalten.

TIPPS VON ANDREW

USE NAMES

Am Eingang und immer, wenn Sie mit Türstehern zu tun haben, sollten Sie mit Namen arbeiten. Mit Ihrem, um sich einen Ruf aufzubauen, und mit denen Ihrer Kontaktpersonen im Club, sozusagen als »Türöffner«.

TO GET DEADED

Das bedeutet, abgewiesen zu werden.

FUN FACT

Ich erzähle das nicht, um Sie auf irgendwelche dumme Gedanken zu bringen, aber in New York darf jeder, ob Mann oder Frau, oben ohne herumspazieren. Dies ist das Ergebnis eines Gerichtsverfahrens von 1992: Zwei Frauen hatten gegen die Stadt geklagt, weil sie es als eine Form der Diskriminierung empfanden, nicht wie die Männer oben ohne gehen zu dürfen. Der Richter gab ihnen Recht, nach rund 20 Jahren war diese Entscheidung jedoch noch nicht bis zu allen New Yorker Polizisten durchgedrungen. Daher hat die Stadt, die es leid war, immer wieder Schadenersatz zahlen zu müssen, kürzlich ein offizielles Rundschreiben herausgegeben, in dem die Rechtsvertreter angewiesen werden, unter keinem Vorwand Frauen zu verhaften, die oben ohne unterwegs sind. Also, meine Damen, tun Sie sich keinen Zwang an, wenn es mal so richtig heiß ist!

PARTYTIME

Sie sollten immer etwas bei sich haben, womit Sie sich ausweisen können. Wer unter 21 ist, darf keinen Alkohol trinken und bekommt in der Regel keinen Zutritt zu Bars oder Clubs. *To be carded* bedeutet, dass man Ihren Ausweis, Pass oder Führerschein sehen möchte. Und das ist fast immer der Fall.

- In New York wird nach 4 Uhr (morgens) kein Alkohol mehr ausgeschenkt. Beginnen Sie Ihre nächtlichen Eskapaden daher beizeiten. Und wenn die normalen Bars und Clubs ihre Pforten schließen, suchen Sie Zuflucht in den *after hours bars*.
- Bevor Sie von einem Lokal zum nächsten ziehen, sollten Sie Ihr Glas leer machen. Das Gesetz über die *open containers* verbietet es, in der Stadt mit Trinkbechern, Gläsern oder Flaschen herumzulaufen. Damit ist ausgeschlossen, auf der Straße ein Bier zu trinken oder ein Getränk von einem Club zum nächsten mitzunehmen.
- Wenn Sie ein Auge auf einen eher exklusiven Club geworfen haben, folgen Sie Andrews Rat: Kommen Sie entweder sehr früh (vor 22.30 Uhr) oder vernünftig spät (nach 2.30 Uhr). In der Zeit dazwischen laufen Sie Gefahr, kleinlich kontrolliert zu werden!

ROOFTOP BARS

THE STANDARD HOTEL
LE BAIN & THE BOOM BOOM ROOM

848 Washington St., zwischen 12th und 13th St.
www.standardhotels.com/high-line

In der oberen Etage des »Standard Hotels« stehen Ihnen zwei Optionen offen. Der »Boom Boom Room« ist eine schicke Cocktailbar mit striktem Dresscode und einer unerbittlichen Auslese am Eingang. Wenn Sie keine persona grata sind, liegt es in Ihren Händen, überzeugend zu wirken. Der Rahmen lohnt jedoch die Mühe, genau wie die Aussicht – auf die Stadt wie auf die anderen Gäste. Genau gegenüber vom »Boom Boom Room« zeichnet sich die Bar »Le Bain« durch eine freundliche Atmosphäre, eine attraktive Terrasse und ein Planschbecken aus (daher der Name), das sich im Winter in eine zusätzliche Tanzfläche verwandelt. Sollte Ihnen auch hier der Zutritt verwehrt werden, bleibt ein letztes Erlebnis, das Sie ausprobieren können: die Toiletten.

THE GANSEVOORT PARK ROOFTOP

420 Park Ave. S. zwischen 28th und 29th St.
www.gansevoorthotelgroup.com

Die Anwesenheit verschwenderischer saudischer Prinzen kann nicht garantiert werden. Aber auch ohne sie ist die Dachterrasse des »Gansevoort« nicht zu verachten. Das *loungy* Ambiente, das ein vielfältiges und wie aus dem Ei gepelltes Publikum anzieht, ist der ideale Abschluss für einen Ausflugstag. Oder der Anfang, wenn der Ausflug danach stattfinden soll.

230 FIFTH

230 5th Ave. auf Höhe der 28th St.
www.230-fifth.com

Lassen Sie sich in der 21. Etage unter einer Palme nieder (oder im Winter unter einem Heizstrahler und einer Decke), und bewundern Sie das imposante Empire State Building, das die Terrasse sehr weit überragt. Wenn Sie einen Sitzplatz möchten, gehen Sie am frühen Abend dorthin, denn es ist immer rappelvoll!

SAFETY FIRST

New York ist eine sichere Stadt. Die Kriminalitätsraten sind dort deutlich niedriger als in anderen Regionen der Vereinigten Staaten. Auf der Liste der »gefährlichen Städte« nimmt New York nur den 50. Platz ein und liegt hinter Boston, Chicago, Detroit, Dallas und Miami. Vor allem in Manhattan können Sie unbesorgt sein. Sie können zu jeder Zeit auf den Straßen herumspazieren oder die Metro nehmen. Vergessen Sie den schlechten Ruf der Bronx, vor allem wegen Hollywood. Natürlich gibt es Viertel, deren Ruf weniger gut ist, aber die gibt es in jeder Großstadt. Es gibt in der Bronx außerdem auch Villen und *Million Dollar Apartments*. Aktuell gibt es sogar Perioden ohne Todesopfer. Die letzte dauerte neun ganze Tage – eine großartige Verbesserung gegenüber 2245 Morden (im Durchschnitt sechs pro Tag) in den 90er-Jahren.

NIGHT COURT

NIGHT COURT

100 Centre St., Downtown Manhattan

Tgl. 17–1 Uhr.

Wenn Sie das New Yorker Rechtssystem in aller Sicherheit kennenlernen möchten, gehen Sie ins Nachtgericht, das ins Leben gerufen wurde, um die zahlreichen Verhaftungen aufzuarbeiten, mit denen die Stadt Tag für Tag konfrontiert ist. Die Sitzungen sind öffentlich, und das Erlebnis lohnt den Umweg. Viele Touristen planen übrigens einen Besuch im Gericht mit ein. Wenn Sie jedoch keine Geldstrafe oder geführte Besichtigung der Zellen riskieren wollen, seien Sie schön still und vermeiden Sie unangebrachte Äußerungen.

STUDIO 54

Das legendäre Nachtlokal »Studio 54« ist für seine kapriziösen Türsteher berühmt, die nicht zögern, auch Promis draußen stehen zu lassen. Wie an Silvester 1977, als sie Nile Rodgers und Bernard Edwards von der Discogruppe Chic den Zutritt verweigerten. Am selben Abend komponierten die beiden einen Song, der mit den lyrischen Worten »Aaaah, fuck off« begann. Nachdem Sie sich klar gemacht hatten, dass sie damit nie in die Hitparade kommen würden, änderten sie den Text in »Aaaaah, freak out.« »*Le Freak*« wurde ein großer Disco-Hit und das Lied das bekannteste in der Geschichte des »Studio 54«.

BLUES- UND JAZZKNEIPEN

BLUE NOTE

www.bluenote.net/newyork

»Blue Note« ist ein Denkmal in der Jazzwelt. Was früher eine angesehene Institution war, hat sich jedoch zu einer kommerziellen Touristenfalle entwickelt. Die Musik hat zwar noch immer ein hohes Niveau, aber die Preise schlagen alle Rekorde. Die Schlangen, die sich vor der Tür bilden, zeugen vom völligen Platzmangel innen.

COTTON CLUB

656 125th St.

www.cottonclub-newyork.com

Ein weiterer beliebter Nachtklub in Harlem, der »Cotton Club«, hat eine reiche Geschichte hinter sich, die bis in die tragische Zeit zurückreicht, als hier nur Weiße herein durften, während der Erfolg des Nightclubs den zahlreichen hervorragenden schwarzen Künstlern zu verdanken war, die hier auftraten. Das Gedränge ist etwas weniger schlimm als im »Blue Note«, ansonsten gilt dasselbe wie für dort. Das Publikum und die Höhe der Rechnung zeugen davon, dass der »Cotton Club« nur noch seine Vergangenheit als Goldgrube auswertet.

VILLAGE VANGUARD

178, 7th Ave. South, zwischen Perry und W 11 St.

Die Einrichtung ist alles andere als hinreißend, aber im »Vanguard« weiß man, was Jazz ist, und deshalb kommen die Gäste. Kein Ort für Smalltalk. Ausgeschlossen, es durch Gerede oder gar Telefonieren an Respekt gegenüber der Musik fehlen zu lassen. Der Eintrittspreis (zwischen 25 und 40 Dollar) ist recht hoch, aber der Qualität angemessen.

MONEY MATTERS

In vielen Jazz-, Comedy- oder sonstigen Clubs kommt zum Eintrittspreis ein *Drink Minimum* dazu. Anders gesagt, es wird erwartet, dass Sie ein oder zwei Getränke bestellen. Vergessen Sie also nicht, dies in Ihr Budget einzuplanen!

I DEADED
BIEBER A
KICKED O
LINDSAY

JUSTIN

ND

OUT

* Ich habe Justin Bieber abgewiesen und
Lindsay Lohan rausgeworfen.

LOHAN.

ANDREW

DEATH ROW
RECORDS
DEATH ROW
RECORDS

MR. JAY WHITE

FLÜSTERKNEIPEN

Diese Person mit den breiten Schultern ist niemand anderes als Mr. White. Ein etwas ironischer Familienname für diesen kräftigen Wächter über das Nachtleben in Chinatown oder jedenfalls des »Apothéke«: Dies ist eine *upscale*-Cocktailbar, versteckt in einer Gasse, die ihren Namen »Bloody Angle« einer düsteren mafiösen Vergangenheit verdankt. (Da die Straße einen Bogen macht, konnten die Gangster ihre Gegner leicht überraschen, sodass es Anfang des vorigen Jahrhunderts hier mehr Opfer gab als irgendwo sonst in New York.)

Das »Apothéke« ist eines der zahlreichen *Speakeasys* in New York. Diese versteckten Bars oder Flüsterkneipen sind eine Folge der Prohibition der 20er-Jahre, als die Herstellung, der Vertrieb und der Konsum von Alkohol verboten waren. Solche Maßnahmen tragen jedoch nur dazu bei, das Verbotene noch attraktiver zu machen. Der heimlich außerhalb der Stadt destillierte Alkohol wurde daher auf dem Schwarzmarkt verkauft, und die unauffälligen bis heimlichen Bars am Ende von Sackgassen mehrten sich.

Obgleich die Prohibition lang hinter uns liegt, haben die *Speakeasys* nichts von ihrem geheimnisvollen und exklusiven Charme verloren. Das Ergebnis: Die Warteschlangen sind manchmal lang, wie ich selbst bei meiner ersten Expedition zum »Apothéke« erlebt habe. Zum Glück liebt Mr. White mein Heimatland, wo er früher einmal eine Schauspielerausbildung absolviert hat. Diese Besonderheit erwies sich für mich als Vorteil, als er aus der Warteschlange würdige Kandidaten heraussuchte. Geld öffnet zwar viele Türen, aber hier reicht es nicht, um den entscheidenden Unterschied zu machen. Geld hat jeder. *Man muss also jemand sein.* Seither habe ich bei Mr. White einen Stein im Brett und einen festen Platz auf der *guestlist* des »Apothéke«.

TIPP VON MR. WHITE

JOE'S SHANGHAI

9 Pell St. zwischen Doyers und Bowery
www.joeshanghairestaurants.com

In der Nähe des »Apothéke« von Mr. White serviert »Joe's Shanghai« an allen Werktagen von 11–23 Uhr leckere *soup dumplings*. Eine köstliche und preiswerte Alternative zu Pizza, Burger und sonstigem *Street Meat*. Angesichts der Beliebtheit des Lokals gehen Sie besser rechtzeitig hin. Sonst müssen Sie vielleicht lange warten oder Ihren Tisch mit anderen Gästen teilen.

SPEAKEASYS

New York zählt noch viele *Speakeasys*. Eines geheimer als das andere, wobei alle bereit sind, sich (wieder) entdecken zu lassen. Bevor Sie losziehen, sollten Sie dennoch Ihr Urlaubsbudget überschlagen und angesichts des bevorstehenden Alkoholkonsums vielleicht auch an Ihre kleinen grauen Zellen denken. Sie sind gerüstet? Dann amüsieren Sie sich gut!

APOTHÉKE

9 Doyers St. zwischen Division und St. James Place
www.apothekenyc.com

Lassen Sie sich von dem Schild über der Tür (»Gold Flower Restaurant«) nicht täuschen. Sie sind schon richtig hier. Innen erwarten Sie 250 verschiedene Cocktails in edlem Ambiente.

THE BACKROOM

102 Norfolk St. zwischen Delancey und Rivington
www.backroomnyc.com

Das »Backroom« liegt so versteckt, dass Sie vielleicht vorbeigehen, ohne es zu bemerken. Verpassen Sie daher nicht die kleine Metalltür, durch die Sie hinkommen. Gehen Sie die Treppe hinunter, wenden Sie sich nach hinten, gehen Sie durch eine Tür, steigen Sie eine andere Treppe hinauf, öffnen Sie die Tür und treten Sie ein. Um in das echte »Hinterzimmer« zu gelangen, müssen sie allerdings noch ein »Bücherregal« überwinden. Nun befinden Sie sich in einem der letzten *Speakeasys* der 20er-Jahre, wo das Bier noch wie damals mit einer braunen Papiertüte umwickelt serviert wird, während die hochprozentigeren Getränke aus einer Kaffeetasse getrunken werden.

PLEASE DON'T TELL

113 Saint Mark's Pl. zwischen Ave. A und 1st Ave.
www.pdtnyc.com

Betreten Sie ohne zu zögern die Hotdog-Kneipe »Crif Dogs« an der angegebenen Adresse, gehen Sie zu der Telefonzelle und nehmen Sie den Hörer ab, um mit dem Wirt/der Wirtin der Kneipe zu sprechen. Mit etwas Glück sind Sie nur einen Katzensprung von einem denkwürdigen Cocktail entfernt. Aber seien Sie diskret!

THE GARRET

296 Bleecker St. Ecke Barrow St.
www.garretnyc.com

Hier gibt es keine Geheimtüren, Klingeln oder Geheimcodes. Auch keinen Türsteher, um die Exklusivität des Lokals zu wahren. Um ins »Garret« zu kommen, müssen Sie jedoch an den Toiletten der Hotdog-Kneipe »Five Guys« vorbeigehen. Gehen Sie links, steigen Sie die Treppe hinauf, und schon stehen Sie in der Wohnung Ihres besten Freundes. Diesen Eindruck werden Sie zumindest haben!

MILK & HONEY

30 E 23rd St.
www.mlkhny.com

Von außen wirkt das Haus, als würde es seit Jahren leer stehen. Sobald Sie eingetreten sind, finden Sie sich jedoch in einer stimmungsvollen Beleuchtung wieder, in einem Saal, wo man Sie begrüßt und zu einem Tisch führt. Hier gibt es keine Cocktailkarte. Nennen Sie dem Barkeeper einfach Ihre Wünsche, und er mixt Ihnen Ihren ganz persönlichen Cocktail.

THE CAMPBELL APARTMENT

15 Vanderbilt Ave.
www.hospitalityholdings.com

Bei der Grand Central Station wurde eine elegante Cocktailbar im einstigen Büro des Geschäftsmannes und Millionärs John W. Campbell eingerichtet. Für Fans der TV-Serie »*Gossip Girl*«: Hier auf dem Tresen waren Serena und Nate völlig entfesselt. Achtung: Straßenkleidung ist vorgeschrieben. In Sportschuhen und Hawaiihemd kommen Sie hier nicht herein.

INEKE

AUF WOLKE SIEBEN

Meine New Yorker Freunde haben mir viele Aspekte ihrer Stadt gezeigt. Die romantische Seite jedoch habe ich durch Ineke kennengelernt.

Nachdem mein großartiger Freund Nigel Williams mich beauftragt hatte, seine Tochter Janice durch die Stadt zu führen, habe ich ihr New York vorgestellt und sie mir ihre beste Freundin. Das war Ineke. Eine Stadtführung im Austausch gegen eine ganz besondere Begegnung? Nie habe ich ein besseres Geschäft gemacht! Wir hatten uns auf dem Dach des eleganten Boutique-Hotels »The Americano« verabredet, mitten in Chelsea. Der Himmel musste an diesem Tag besonders tief hängen: Wir waren nur in der zehnten Etage, aber ich fühlte mich wie in Wolkenkuckucksheim. Und ihr ging es genauso. Der Funke sprang über, und nach kürzester Zeit war es soweit, dass wir zwischen Brüssel und New York pendelten.

Jeder Besuch von Ineke bot mir eine neue Gelegenheit, sie zu überraschen. Indem ich ihr beispielsweise den zauberhaften Blick auf die Skyline von Manhattan in Williamsburg zeigte. Ein Ort, an dem man stundenlang bleiben und nur schauen könnte. Gemeinsam haben wir die idyllischen Ecken im Central Park aufgesucht und waren zum Shopping in SoHo. Da sie gar nicht genug bekommen konnte von dem Panorama, das man vom *Top of the Rock* genießt, habe ich ihr eine Jahreskarte dafür geschenkt. Wir liebten es auch, mit der Vespa auf Erkundungstour zu fahren. Oder zu bummeln und in den Hipster-Geschäften zu stöbern oder neue Restaurants auszuprobieren. Die Möglichkeiten sind endlos. Schließlich beschloss Ineke, umzuziehen und mit mir zusammenzuleben.

NEW YORK ROMANTISCH

LA PISCINE @ THE AMERICANO

518 W 27th St. zwischen 10th und 11th Ave.
www.hotel-americano.com
Die Dachterrasse ist der ideale Ort, um die Frau oder den Mann Ihres Lebens kennenzulernen.

ALICE'S TEA CUP

156 East 64th St. – 102 West 73rd St. – 220 East 81st St.
www.alicesteacup.com
Dieser reizende Teesalon eignet sich perfekt für ein reichliches Frühstück oder nachmittags für Kuchen und Tee. Es sei denn, Sie lassen sich eher von den Crêpes verführen: Sie sind unvergleichlich! Außerdem ist man hier sehr kinderfreundlich.

TARTINERY

209 Mulberry St. von 1 West 59th St. bis Food Plaza
www.tartinery.com
»Tartinery« hat das belegte Brot in den Rang eines Kunstwerks erhoben. Die Räumlichkeiten sind offen und frisch, das Essen einfach und köstlich. Ein Restaurant in französischem Stil mit einer exzellenten Weinauswahl.

MAGNOLIA BAKERY

401 Bleecker St., Ecke W 11th St.
www.magnoliabakery.com
Dank der TV-Soap »*Sex and the City*« genießt diese Bäckerei im West Village eine unerwartete Beliebtheit. Derzeit sind das Hefegebäck, die Kuchen und Cupcakes in ganz New York verbreitet ... und darüber hinaus. Vorsicht vor dem Bananenpudding! Er hat Suchtpotenzial.

FREIHEITSSTATUE

GESCHENK FRANKREICHS ZUR **100**-JAHR-FEIER DER VEREINIGTEN STAATEN

93 METER HOCH

DAS KUPFER IST SO DICK WIE **2** PENNYS

URSPRÜNGLICH **KUPFERFARBEN,** DURCH OXIDATION NACH 30 JAHREN **GRÜNSPANIG**

225 TONNEN

FÜR DAS GESICHT STAND DIE MUTTER DES BILDHAUERS MODELL

DIE STATUE WURDE PER SCHIFF IN **300** EINZELTEILEN TRANSPORTIERT

UNESCO -WELTKULTURERBE

THEORETISCH KANN MAN BIS IN DIE FACKEL HINAUFSTEIGEN, ES IST JEDOCH VERBOTEN.

4 MILLIONEN BESUCHER PRO JAHR

BEI WIND KANN SICH DIE STATUE 7,5 ZENTI-METER BEWEGEN

DIE FACKEL IST MIT BLATTGOLD IN **24** KARAT ÜBER-ZOGEN

354 STUFEN BIS ZUR KRONE

DIE CROWN TICKETS

(FÜR DEN AUFSTIEG ZUR KRONE)

MÜSSEN MONATE IM VORAUS RESERVIERT WERDEN

Register

SEHENSWÜRDIGKEITEN

ESSEN UND TRINKEN

SEHEN ODER BESICHTIGEN

SHOPPING

Bildnachweis

Backroom 211
Barcade 101
Koen Blanquaert 36 m., 58, 73, 180, 205
BXL 104
Robert Caplin Coverfotos, 20, 21, 22, 24, 26, 32, 34, 36 u., 37, 38, 41, 43 o., 55, 56, 59 u., 60, 62, 68, 70 o., 93, 94, 98, 100, 106, 110, 123, 124, 128, 130 b., 137 li., 137 re., 148, 150, 154, 170, 173, 178, 182, 185, 199, 200, 208, 212, 213, 220, 222
Derek James 59 o.
Esto/Peter Mauss 72
Freemans 130 o.
Gallery De Buck 97
Gansevoort Hotel 203 M.
Adrian Gaut 96 li.
Melissa Golden 134
Melissa Hom 105 re. u.
Happy Bones 65
Le Pain Quotidien 105 re. o.
Markt Bar 105 li. M.
Mc Carren Hotel 96 re.
Petite Abeille 105 li. o.
Pommes Frites 105 li. u.
Michael Shapiro 126
Shutterstock/alexpro 9500 43 u.
Shutterstock/Leonard Zhukovsky 127
Shutterstock/littleny 181
Shutterstock/Mike Lui 70 u.
Shutterstock/Stuart Monk 77, 79
Peter Sylvester 108
Patrick van Rosendaal 156, 210
Venessa Rude 74
Wafels & Dinges 105 re. M.
230 5th 203 u.

MANU & THOMAS – GERONIMO

New York, eine unvergleichliche Stadt

Als Kameramann und Regisseur bereise ich die ganze Welt. Von Seoul über Hongkong bis Mexico. Ich kenne zahlreiche Städte. Eine jedoch übertrifft alle: New York ist wirklich die Stadt aller Städte. In dieser Metropole hat Ihre Aufmerksamkeit keine Ruhepause. Oft vergleiche ich sie mit einem Freizeitpark für Erwachsene. Dieser Vergleich gilt auch für das Tempo. Wer in New York stehen bleibt, wird im wörtlichen wie im übertragenen Sinn überholt. Trotzdem fühlt man sich hier zu Hause. Nirgendwo sonst ist es einfacher, mit der Menge zu verschmelzen. Mit meiner Kamera falle ich häufig auf, ohne es zu wollen. Hier wundert sich niemand darüber. Ebenfalls überraschend ist die Selbstbehauptung, die den Alltag prägt. Sie wissen nie, was Sie erwartet oder auf wen Sie treffen werden.

VOM KAMERAMANN ZUM FREUND

Patrick und ich sind Geschichtenerzähler. Als ich ihm vorschlug, in unserer Sendung mitzumachen, entdeckte ich jemanden, der dabei ist, seinen Traum zu verwirklichen und der auf der Suche nach einer Möglichkeit war, seine Erfahrungen und Erzählungen zu festigen. Schon lange spielte er mit dem Gedanken, einen Reiseführer zu schreiben, und dieses Streben lieferte uns den idealen roten Faden, um seine Person in unserem Fernsehprogramm vorzustellen. Dank meiner Verbindungen zum Verlag Lannoo kam alles schnell in Gang. Es ist nicht nur ein passender Schluss für unser Programm, sondern auch eine Bestätigung für Patrick. Es ist nämlich selten, dass wir anfangen, uns selbst in die Geschichte zu integrieren, die wir erzählen. Wie auch immer, dieses Buch ist auch ein bisschen unseres, und darauf sind wir stolz.

QUELLEN

Arul, Mildred, Joyce, Bill, Robert, Richard, Seven, Naturele, Jessica, Monica, Tom, Allison, Yvette, Tia Maria, Danny, Shay, Mr. Jay White, Andrew, Bruce, Sean, Carmine, David, Daniel, Israel und viele, viele, viele weitere New Yorker!

Danksagung

Dieses Buch widme ich meinen Eltern, insbesondere meiner Mutter. Ihre hartnäckige Unterstützung und ihr unerschütterlicher Optimismus waren – und sind – für die Verwirklichung meines Traums unverzichtbar. Ich danke euch für eure Freundlichkeit und eure ermutigenden Worte bei den zahlreichen Telefonaten und Video-Gesprächen. Danke für eure Aufmerksamkeit, eure guten Ratschläge und euer unerschütterliches Vertrauen in euren Sohn. Und das trotz der Meinung meines Englischlehrers in der dritten Klasse Gymnasium, ich hätte keine Aussicht auf eine Laufbahn, außer ... im Spitzenklöppeln.

Geert, du teilst meine Leidenschaft, und ich danke dir für deine Talente als Schriftsteller, für deinen Humor und die vielen (nächtlichen) Stunden, die du diesem Buch und dem Unternehmen gewidmet hast.

Danke, Ineke, dass du mit mir deine Liebe zu New York geteilt hast. Danke, New York, für die einmaligen Gelegenheiten, die du mir geboten hast.

Ohne die Unterstützung, die Kreativität und den Enthusiasmus der folgenden Personen wäre dieses Buch nie entstanden: Adam, Adriaan, Alain, Alex, Alexandra, Alice, Andre, Andries, Anja, Ann, Annelies, Anouk, Anthony, Arle, Arno, Arul, Baptist, Ben, Benny, Benoit, Bernadette, Bernard, Bieke, Bob, Bram, Caroline, Cathy, Celine, Charlotte, Chloe, Chris, Christian, Christophe, Claudine, Cor, Daniel, Danny, David, Davy, Delphine, Dieter, Dimitri, Eef, Elke, Emma, Erwin, Esther, Eva, Evert, Evi, Filip, Florence, Frank, Frederica, Frederique, Geertrui, Gerald, Geraldine, Gerard, Gerrit, Goris, Gregory, Griet, Guy, Heidi, Hendrik, Ilona, Ilse, Inge, Iris, Jacques, Janice, Japser, Jean-Marc, Jeannot, Jelle, Jeroen, Jill, Jo, Jos, Joyce, Judy, Karen, Karijn, Kate, Kevin, Kirs, Klaas, Koen, Kristaen, Lars, Laura, Lauren, Lies, Liesbeth, Lisbeth, Luc, Maaike, Mabel, Mandy, Manu, Marc, Margot, Marianne, Mariette, Marion, Mark, Mathias, Mia, Miek, Mieke, Mirese, Miriam, Monique, Morgane, Natasha, Nathalie, Nicolas, Nicole, Nigel, Nikki, Olivier, Patrick, Paul, Pauline, Peggy, Peter, Petra, Philippe, Pierre, Raphael, Remco, Rik, Roderick, Ronny, Roy, Sacha, Samira, Sarah, Serge, Sofia, Sofie, Sonja, Stefaan, Stekel, Stephanie, Steven, Stijn, Talita, Tamara, Tanguy, Tanja, Theo, Thibaut, Thomas, Tim, Tom, Toon, Veerle, Veronique, Vicky, Vincent, Wim, Yves.

IF/THEN
BENY

BE NY

NY MIT DEM AUTOR ERLEBEN

Wie ist es mit Ihnen, möchten Sie die Dienste des Teams von Patrick van Rosendaal in Anspruch nehmen?

BE NY bietet Ihnen eine breite Palette an Möglichkeiten: Von maßgeschneiderten privaten Stadtführungen bis zu Gruppenreisen, die bis ins kleinste Detail geplant sind. Haben Sie Lust auf eine Fahrradtour durch den Central Park, auf eine Schifffahrt entlang der verschiedenen Inseln oder einen Helikopterflug über Manhattan? *The sky is literally the limit.*

BE NY organisiert auch *Incentive-* und Geschäftsreisen. Sie möchten den Kontakt zu Ihren Kollegen festigen? Dafür können wir Ihnen das ideale Programm anbieten. Und sollten Sie beruflich nach New York kommen, sorgt BE NY für das nötige Rahmenprogramm und Entspannung.

Lockt Sie das? Nehmen Sie über die Website Kontakt auf (**www.beny.be**) oder schicken Sie eine E-Mail an **jedoisgagnerNewYorkdurgence@beny.be.** Es wird uns eine Freude sein, einen unvergesslichen Aufenthalt für Sie zu organisieren.

RUNDGÄNGE | GRUPPENREISEN | B2B

PRODUKTMANAGEMENT: Janina Beckmann, Franziska Sorgenfrei
ÜBERSETZUNG AUS DEM NIEDERLÄNDISCHEN: Christa Trautner-Suder, Weilheim
TEXTREDAKTION: Rosemarie Elsner, München
KORREKTUR: SAW Communications, Sabine A. Werner, Mainz
LAYOUT: Duval Branding: Evi Peeters
SATZ: Roman Bold & Black, Vanessa Prentzel, Köln
UMSCHLAGGESTALTUNG: Ute Schneider, München
FOTOS: Robert Caplin

Gesamtherstellung Verlagshaus GeraNova Bruckmann GmbH

☆☆☆☆☆

Sind Sie mit diesem Titel zufrieden? Dann würden wir uns über Ihre Weiterempfehlung freuen. Erzählen Sie es im Freundeskreis, berichten Sie Ihrem Buchhändler oder bewerten Sie bei Onlinekauf. Und wenn Sie Kritik, Korrekturen, Aktualisierungen haben, freuen wir uns über Ihre Nachricht an: Christian Verlag, Postfach 40 02 09, D-80702 München oder per E-Mail an lektorat@verlagshaus.de.

Unser komplettes Programm finden Sie unter www.bruckmann.de

Alle Angaben dieses Werkes wurden vom Autor sorgfältig recherchiert und auf den neuesten Stand gebracht sowie vom Verlag geprüft. Für die Richtigkeit der Angaben kann jedoch keine Haftung übernommen werden.

Die Deutsche Nationalbibliothek verzeichnet diese Publikation in der Deutschen Nationalbibliografie; detaillierte bibliografische Daten sind im Internet über http://dnb.d-nb.de abrufbar.

Die Originalausgabe mit dem Titel Be NY wurde erstmals 2014 im Verlag Uitgeverij Lannoo nv, www.lannoo.com, veröffentlicht.

ISBN 978-3-7343-0463-7